증후군이라도
문제없어

심리 치유와 마음 긍정
(feat. 영화이야기)

김선희 지음

율도국

이 책을 읽기 전에

● 이 책은 개봉한 영화에 대한 비평, 교육, 연구 저서로서 공표된 영화 포스터를 사용하는데 있어 저작권법 제28조 공표된 저작물의 인용조항에 따라 '정당한 범위' 안에서 '공정한 관행'에 합치되게 인용하였습니다. 우리 저작권법 제28조는 보도·비평·교육·연구 등을 위해서는 공표된 저작물을 정당한 범위 안에서 공정한 관행에 합치되게 인용할 수 있도록 규정하고 있습니다.

● 상담사례에서 쓰인 이름은 편의상 가명을 사용했습니다.

목 차

추천사

심리 탐색과 치유의 생생한 위로와 지침을 담은 『증후군이라도 문제 없어』 출간을 함께 기뻐합니다.

야식 증후군, 공연한 잔격정의 램프 증후군, 착한 아이 증후군, 반 고흐 증후군, 무드셀라 증후군 등, 생생한 실화에서 구체적으로 쓸모 있는 심리치료 팁까지.

냉철하기 쉬운 심리학적 이야기를 마뜩한(깨끗한) 영화 콘텐츠와 따스한 언어로 풀어낸 저자의 전문적 식견과 서술 역량에 감탄합니다. 다정하고 진지한 심리치료사 김선희와의 만남을 주저 없이 권합니다.

유형준
〈한림의대 명예교수, 시인, 한국만성질환관리협회장〉

추천사

우리들은 모두 정상과 이상의 스펙트럼의 자장 어디선가 산다.

이상심리학을 공부하면 할수록 오히려 모든 증상이 다 자신의 것 같을 때도 있다.

『증후군이라도 문제 없어』는 바로 이러한 현대인들의 마음을 골고루 탐색하면서 영화로 그 처방전을 치료하는 독특한 방식을 취한다. 여기엔 피터팬 증후군처럼 잘 알려진 증후부터 샹그릴라 증후군처럼 낯설고 생소한 증후들을 망라한다.

그러나 증후가 없다면 삶도 없는 것. 증후야말로 우리의 무의식이 활화산처럼 아직도 살아 숨 쉰다는 가장 생생한 심리적 증거임이 틀림 없을 것이다.

그러므로 『증후군이지만 문제 없어』를 읽고 당신의 증후를 즐기시길. 하나의 결함이 아니라, 하나의 특징으로, 저자 김선희는 당신에게 따뜻한 위로의 손길을 내민다.

심영섭
〈영화 평론가, 상담심리학과 교수〉

추천사

유사 이래 인간의 고통은 새로울 것도 없다. 우리 모두는 완벽한 삶을 살고 싶다. 그러나 그에 도달하지 못한다는 것을 깨닫는 데는 각자 많은 대가를 치러야할지도 모른다.

『증후군이라도 문제 없어』는 그 고통의 유래와 유형들에 대한 그들의 이야기를 가까이서 들려준다. 매력적인 영화와 실제 임상 사례를 통해 이야기를 풀어나가는 김선희 작가의 예리한 통찰력은 산재한 증후군의 난제 속에서 해답을 찾을 수 있게 하고 다시 당신이 용기를 내도록 도와줄 것이다.

나와 비슷한 사람들의 삶을 들여다보며 당신의 마음 속 상처, 아픔들이 치유되기를 바란다.

자, 이제 당신의 이야기를 들려 줄 차례다.

박준희

〈명지대학교 겸임교수, 한국가족지원협동조합 '같이' 이사장〉

편집인의 말

'문제없어' 정신이면 증후군 뿐 아니라 어떠한 어려움도 어려움이 아니다. 영어로 no problem !

문제를 해결하는 것이 아니라 생각을 바꾸는 것이다. 개인의 힘으로 문제는 잘 해결되지 않는다. 그 문제를 어떻게 보느냐에 따라 행복과 불행이 엇갈린다.

모두가 문제라고 생각하지만 문제될 것이 없다는 생각은 그 문제를 해결할 필요가 없이 문제 자체를 받아들이고 그 문제를 긍정적으로 보라는 의미이다. 이런 생각이면 어떠한 큰 문제가 닥쳐와도 행복한 삶을 살 수 있다.

결코 문제를 극복하고 이겨내라는 것이 아니다. 문제를 이겨내는 사람은 없다. 문제를 온전히 인정하고 문제를 삶의 행복한 방식으로 전환시키는 것이다. 이 책을 끝까지 읽어보면 그 방법을 깨닫게 된다.

제목이 '증후군이지만~' 이 아니고 '증후군이라도~' 이다. 확정형이 아니고 가정법이다. 모든 것이 그렇다. 확정된 것은 없다. 내가 어떤 생각으로 대처해 나가느냐에 따라 병이든 증후군이든 확정되지 않고 변화하고 비껴간다.

프롤로그

2년 정도 인터넷 신문에 〈김선희 심리치료사의 가면 속 그림자〉라는 타이틀로 칼럼을 기고했었다. 타인과의 관계에서 마음에 상처를 받거나 고립되는 사람들을 만나며 다양한 증후군이 있다고 느꼈다.

'증후군(Syndrome, 신드롬)'은 의학용어로 어떤 공통적인 여러 가지 현상이 일련적으로 발생하게 되는 것을 말한다. 특정한 몇 개 이상이 묶여서 발생 될 때 증후군이라는 단어로 말하거나 특정한 병명을 붙이기에는 인과관계가 확실치 않은 것을 의미하기도 한다. 유행이나 트랜드를 반영하기도 하며 '박항서 신드롬'의 베트남 축구감독 사례를 들 수 있다.

누구든 세상에 상처투성인 마음으로 태어나지 않는다. 정신의학자 에릭 번(Eric Berne)은 인간은 누구나 오케이(OK)로 태어났다고 했다. 긍정으로 태어났지만 불안한 환경 혹은 예측할 수 없었던 사건, 대인관계 갈등 등 여러 가지 복합적인 이유로 마음을 다스리는 경보기가 제 기능을 상실하게 된다.

신드롬이나 콤플렉스. 전혀 이상한 것이 아니다. 또 나만 그런 것도 아니다. 우리는 모두 한 가지 이상의 트라우마를 가지고 살아간다. 트라우마가 있어도 나름의 방법으로 잘 살아가는 사람이 있는 반면에 힘들어하고 고통받는 사람이 있다. 그 차이점은 무엇일까? 자세한 이야기가 이 책에 있다.

치유하는 방법은 실용적인 방법도 있고 생각의 전환도 있다.

내면의 소리에 귀를 기울여보고 '지금 힘들어!, 괴로워!, 누군가의 도움이 필요해!'라는 외침이 들린다면 이 책을 끝까지 읽어보고 다른 사람의 이야기도 들어보자.

1장. 사람이 힘든 나
대인관계 증후군

사회적 능력이 있는 사람은 대화 기술도 좋고 개인이 사회 안에서 사람들과 어울리는데 필요한 사회인지(Social Cognition)도 높다. 쉽게 말해, 자신이 처한 상황이나 다른 사람의 행동, 표정, 감정 등을 이해하고 추론해서 행동을 결정하는 능력이 높다.

감정이입 능력이 높은 사람일수록 낮은 사람보다 타인을 더 잘 돕고 베풀기를 잘한다는 것은 말하지 않아도 아는 사실이다.

관계에서의 키워드는 공감(empathy)이다. 인간중심 심리학자인 칼 로저스(Carl Rogers)는 공감에 대해 "판단 없이 섬세하게 이동해서 일시적으로 다른 사람의 삶에 사는 것"이라 했다. 공감은 동정이 아니라 함께 공유하는 것이다.

세계적인 동물학자인 프란스 드 발(Frans De Waal)은 "경쟁이 미덕이라고 여기는 탐욕의 시대는 가고 공감의 시대가 왔다"고 말한다.

우리는 '호모 엠파티쿠스(공감하는 인간, Homo Empathicus)' 시대에 있다. 인간의 본성에는 공감 능력이 존재하고 있다. 잠자는 공감 능력을 활성화시켜야 한다.

친해지고 싶지만 접촉은 싫어 : **고슴도치 딜레마 증후군**

- 고슴도치의 가시도 처음부터 가시는 아니었다

결혼이 유일한 탈출구였던 민주 씨

민주 씨는 20대 초반에 결혼을 했다. 부모에게 정서적으로 버림받은 그녀는 이른 나이에 집에서 나오게 된다. 늘 폭력적인 아버지와 히스테리적인 어머니 사이에서 그녀가 설 곳이 없다.

그녀의 유일한 탈출구는 결혼이었다. 남편이 빚보증을 서며 부부 사이가 나빠져 4년 만에 이혼한다. 이혼녀라는 낙인과 4살이 된 아이를 데리고 한 부모로 살아가야 하는 것이 녹록지 않은 일이었다.

아이를 맡길 곳이 없어 교회에 집사님의 도움을 받으며 악착같이 일했다. 마트에서 열심히 노력하여 계산원에서 사무직으로 전환되는 좋은 기회도 생겼지만 기쁨도 잠시, 주변에 그녀를 보는 시선이 따가웠다. 실력이 아닌 상사에게 몸으로 접대했다는 등의 다소 황당한 소문이 삽시간에 퍼졌다. 처음에는 소문이 사실이 아니었기에 대수롭지 않게 넘겼다. 하지만 소문의 강도가 점점 더 심해지자 견디지 못하고 마트를 그만두었다. 이런 트라우마로 그녀는 사람들과 너무 가깝게 사귀는 것에 두려움을 느끼게 되었다.

고슴도치 딜레마 증후군이란?

추운 겨울날 고슴도치 몇 마리가 모여 서로 가까이 다가가려 할 때마다 가시에 찔린다. 가시로 인해 떨어졌다가 추위로 인해 다시 모이지만 결국 가시 때문에 또다시 떨어진다. 같은 행동이 반복적으로 보이다가 서로의 가시로 상처 주지 않고 따뜻할 수 있는 적절한 거리를 찾게된다.

독일의 철학자 아르투르 쇼펜하우어(Arthur schopenhauer)의 저서에 등장하는 고슴도치 우화 내용이다. 친밀함을 원하지만 동시에 인간관계에서 상처받는 것이 두려워 타인과 일정한 거리를 두어 자기방어를 하는데 **'고슴도치 딜레마 증후군(Hedgehog's dilemma syndrome)'**라 부른다.

애착 형성이 어려운 사람은 타인과 적당한 거리를 유지하려 한다. 애착은 유아기 때 부모와의 친밀감을 통해 자신이 사랑받을 만한 가치가 있다고 자각한다. 그때 자신에 대한 긍정적인 표상을 형성하게 되는데 성인이 되어 사람들과 긴밀한 관계 형성에 영향을 미친다.

친밀한 관계를 너무 갈망하다 보면 상대적으로 주는 것이 많아져 대가성을 바라게 된다. 다친 마음들이 쌓이면 타인과 깊이 있게 오래 지속되는 관계를 맺기 어렵다.

치유 일기

민주 씨에게 사람들과 있을 때 감정을 색으로 표현해 보라고 했다. 온통 검은색과 파란색으로 뒤덮었다. 검은색은 두려움이라고 했다. 파란색은 슬픔이었다.

검은색과 파란색을 주로 사용하여 그림을 그려보라고 했다. 자신의 모습을 바로 보면서 다른 색도 조금씩 써보라고 했다. 처음에는 검은 산, 파란 길이 많았지만 차츰 초록색 산이 보이고 파란 시냇물이 보였다. 조금씩 두려움과 슬픔이 해소되는 과정이 보였다. 마음 속의 두려움과 슬픔을 어떤 형식으로든 발산해야 억눌린 감정이 해소되고 편해진다.

상처를 잘 받는 사람들이 상처를 받지 않기 위해 가시를 세운 것이지 남을 공격하려고 그런 것은 아닐 것이다. 마치 아름다운 장미가 가시로 자신을 보호하는 것과 같다.

이솝 우화의 〈전나무와 가시나무〉 이야기는 조금 다른 측면의 메시지를 전달한다. 가시의 장점을 보여주는 우화이다.

어느 숲속에 전나무와 가시나무가 있었다. 전나무는 가시나무를 무시하듯 말했다. "가시나무야, 너는 뾰족뾰족 못 생겼구나."
그러자 가시나무가 말했다.
"그러나 나는 가시가 있어 사람들이 건드리지 못해."
전나무는 다시 말했다. "나를 봐. 나는 키도 크고 너무 단단해서 여러 가지 용도로 쓰여."
가시나무는 지지 않고 말했다.
"사람들이 저기 톱을 들고 오고 있어. 너도 나처럼 태어나고 싶지?"
사람들은 전나무를 베기 시작했다.

고슴도치의 가시도 처음부터 가시는 아니었다. 처음엔 털이었는데 스스로 과잉 방어를 하다보니 가시가 된 것이다. 그렇다면 방어를 다시 줄이면 따뜻한 털이 될 수 있는 것이다.

사람들과 처음에는 어색하고 힘들지만 조금씩 아주 조금씩 노력하면 가시가 털이 되는 날이 올 것이다.

나하고 있으면 편안하고, 내 가시는 아주 아름답다고 이야기해 주려고? 무슨 이야기를 해야 할지 안다고 말해 주려고? 팔을 벌려 나를 안아 주고, 나와 춤을 추고, 넘어져서 여기저기 피가 흘러도 춤을 잘 춘다는 말해 주려고?

- 고슴도치의 소원(톤 텔레헨) p.196

영화 이야기 - 실버라이닝 플레이북

Silver Linings Playbook, 2012   감독: David O. Russell
제작 : 와인스타인 컴퍼니, 미라지 엔터프라이즈
수입 : (주)누리픽쳐스   배급사 : 나이너스엔터테인먼트(주)

영화 '실버라이닝 플레이북'은 사랑하고 믿었던 아내의 불륜 현장을 목격한 후 충격에 빠진 주인공 팻이 등장한다. 그 상처로 조울증을 앓게 되는 그는 정신병원에서 치료를 받고 퇴원한다. 퇴원 후에도 여전히 아내를 잊지 못해 과거에 빠져있는 생활이 지속된다.

팻은 새로운 사랑, 티파니가 다가와도 거리를 유지하며 고립된 삶을 이어간다. 또 사랑하는 사람이 배신할까 두렵다. 상처에 약을 발라주고 아물 때까지 기다려 줄 수 있는 사람이 필요하다. 특히 사랑에 대해 배신감을 겪은 팻에게는 말이다. 시간이 필요했고 결국 팻은 자신에게 다가온 티파니와 댄스스포츠를 통해 과거에서 벗어나게 된다.

누구나 믿었던 사람에게 상처를 받으면 사람들이 싫고 거리를 두고 싶을 것이다. '구름의 가장자리로 빛나는 희망을 찾기 위한 작전'으로 직역되는 영화의 제목처럼 세상과 교류하지 않으면 희망을 잃어버린 채 자신의 상처 속에 갇힌다.

그런 삶을 원하는 사람은 없을 것이다. 그래서 새로운 사람을 만나서 치유해야 한다. 팻이 그녀를 통해 세상 밖으로 나온 것처럼 말이다.

Tip 고슴도치 딜레마 증후군 관련 자료

- 영화 : 파수꾼(2011) / 실버라이닝 플레이북(2013) /겨울왕국(2013)
- 드라마 : 로맨스 헌터 13회(tvN, 2007)
- 책 : 고슴도치의 소원(톤 텔레헨) / 혼자 있고 싶은데 외로운 건 싫어(피터 홀린스)

혼자 있는 것이 편해 : 히키코모리(은둔형 외톨이) 증후군

- 아인슈타인도 히키코모리였다

마음을 위로받지 못했던 동욱이

동욱이는 초등학교까지 학교에 잘 다니다가 중학교에 올라오면서 삐걱거리기 시작했다. 전학 오기 전 학교에서 왕따였고 급기야 또래 친구들에게 이유 없이 맞아 병원에 입원했었다. 학교폭력 피해자였던 아이는 그 일로 지금의 학교로 전학이 결정된 상황이었다.

먼 곳으로 가지 않았고 그 근처의 다른 학교로 전학이 결정되었다. 방학 동안 학교 운동장에서 그 친구들에게 또 이유 없이 맞은 아이는 세상과의 단절을 선언했다. 폭력으로 인한 상처로 밖으로 나가는 것 자체가 두려울 수밖에 없었다.

개학을 하고 3월이 되고 동욱이는 학교에 갈 마음이 없다. 중학교에서 상담교사로 근무 시절 만난 아이였다. 등교 거부 상황인 동욱이를 만나러 가정방문을 여러 번 갔었다. 동욱이 집은 작은 방과 부엌이 붙어 있는 10평 남짓한 곳에서 세 명의 가족이 생활하고 있었다. 방에는 다른 가전제품은 보이지 않았고 냉장고, TV, 컴퓨터가 전부였다.

히키코모리 증후군이란?

　'히키코모리 증후군(引き籠り syndrome)'은 방이나 집 등의 특정 공간에서 나가지 않는 사람과 그러한 현상을 모두 일컫는다. '틀어박힘, 틀어박혀 있는 사람'을 뜻하는 '히키코모리(引き籠り)'는 일본에서 쓰는 신조어다. 2005년 일본의 정신과 의사 사이토 다마키가 처음 이야기했다.

　우리나라는 '은둔형 외톨이'라고 불리는데 30만명이나 된다. 사회적으로 적응이 어려워 대인기피증이 심화되어 있다. 대인관계에서 상처를 받았던 경우도 은둔형이 된다. 사람들이 두렵고 싫어 피하며 세상 밖은 너무 위험하다고 믿는다. 스스로 고립을 선택하는 것이다.

　밤에는 올빼미처럼 일어나 TV나 인터넷을 하는 등 일상생활에서 모든 외부접촉을 피하는 행동 양식을 보인다. 가족 이외에 사람들과 인간관계를 맺지 않고 6개월 이상을 집안에서 칩거하는 생활을 하기도 한다.

　정서적 고립은 외로움을 잘 느끼지 못하기에 타인과 감정과 사고의 공유를 멀리하려 한다. 그러니 본인의 생각과 감정이 현실과 괴리감을 느낄 수밖에 없다. 상황이 깊어질수록 일반 사람이 이해하기 힘든 독특한 사고의 세계는 더더욱 세상 밖으로 나오는 것이 어렵게 된다.

　스펙이 중요한 사회이고 무한경쟁사회다 보니 숨이 막히고 허무주의에 빠져 이런 현상이 나타난다.

치유 일기

　동욱이의 마음을 얻기 위해 일주일에 한 번씩 찾아갔지만 낯선 자의 방문은 아이를 부담스럽게 했고 전혀 곁을 내주지 않았다. 청소년 동반자 선생님이 가정방문과 상담을 병행하고 학교에서는 1년간에 유예기간을 주기로 했다. 6개월 후에 전해 들은 이야기로 동욱이가 청소년 동반자 선생님에게 아주 조금 마음을 열었다는 이야기였다.

학교는 사회의 축소판이기에 약육강식이 나타나고 고질적인 입시 위주의 교육 때문에 이에 맞지 않는 아이들이 통계상 10% 이상 된다. 누구나 똑같지 않기에 다름을 인정한다면 강제로 획일적인 학교로 몰아넣을 필요는 없다. 혼자 있는 것이 더 좋고 그것이 더 효율적이라면 혼자 공부해도 된다는 유연한 생각을 갖는 것이 좋다.

행복이란 무엇인가. 다시 정의를 내리고 작은 것부터 실천하며 소소한 행복을 느끼는 것부터 출발하면 좋다.

방 청소부터 시작해서 화단 가꾸기, 빨래하기 등 일상의 행동도 보람을 준다. 몸을 움직이다보면 마음도 밝아지는 것이다.

다른 한편으로 외톨이라고 너무 심각하게 걱정할 필요는 없다. 앞으로는 디지털기술의 발전과 전염병으로 비접촉 사회가 가속화되기에 꼭 사람을 만나야만 하는 것도 아니다. 자기가 좋아하는 일을 하고 그 분야에서 인정받으면 된다. 이것은 문제나 병이라기보다는 하나의 현상으로 그 인구가 30~40만으로 추산되기에 적절히 성공하는 방법을 찾으면 된다.

아인슈타인도 외톨이였는데 그가 성공한 이유를 잘 살펴보아야 한다. 같은 외톨이인데 누구는 폐인이 되고 누구는 성공하는 것일까?

그 이유는 외톨이를 바라보는 시각 차이 때문이다.

아인슈타인은 다른 과목은 낙제였지만 수학 실력이 대학교수보다 좋아 특별히 대학에 입학할 수 있었다.

그러나 수업에는 안 들어가고 교정에서 사념하는 시간이 많아 학업 성적이 나빠 대학에서 쫓겨났다. 낮에는 특허청에서 일하면서 밤에는 도서

SCIENCE CLOWN **Mugging for the press on his 72nd birthday**

관에서 혼자 좋아하는 공부에 몰두했다. 대학 졸업장은 없지만 논문이 학술지에 게재되었는데 그 논문을 노벨상을 제정한 퀴리 부인이 본 것이다. 퀴리 부인이 추천하여 아인슈타인은 노벨상을 받게 된 것이다.

은둔형 외톨이로서 유명한 사상가나 작가가 된 사람들도 있다. 세상의 모든 사실을 의심했던 철학자 사르트르도 은둔형 외톨이였다. 세상을 실망하고 저주한 도스트예프스키는 이러한 생각을 반영하여 소설 '죄와 벌'을 썼다.

외톨이들은 혼자 하는 연구직에 알맞다. 사회적으로 외톨이를 나쁘게 보지 말고 키운다면 한국의 기술, 연구 분야가 세계적 수준으로 발전할 것이다.

은둔형 외톨이들은 창의적이고 맡겨진 임무에는 몰두하는 스타일이기에 여기에 맞는 지도를 한다면 오히려 장점을 활용하여 성공할 수 있다.

천재들은 남과 비교하지 않았고 남과 같아지려 하지 않았고 자기 세계를 갖고 자신감이 있었고 매일 작은 목표를 실천했다.

영화 이야기- 김씨 표류기

'김씨 표류기' 영화에서 다소 우스꽝스러운 모습의 여자 김씨는 작은 방에 갇혀 자신만의 규율을 만들고 철저히 고립된 삶을 살고있는 은둔형 외톨이다. 그녀는 인터넷 세계에서만큼은 활발하다. 다른 사람의 모습을 조합하여 마치 자신인 척 인터넷에 올리고 사람들의 댓글로 만족감을 얻고 산다.

김씨 표류기, 2009 감독: 이해준
제작 : 반짝반짝 영화사 배급사 : 시네마서비스

그녀가 처음부터 사람들을 두려워했을까?

그녀는 얼굴에 난 흉터를 보이기 싫어 사람들을 기피 하며 집안에만 틀어박힌 삶을 산다. 세상에 나갈 자신이 없는 것이다. 영화 속 기억나는 모습은 잠시나마 오토바이 헬멧을 쓰고 나가는 행동이다. 자신의 모습을 누구에게도 보여주고 싶지 않지만 반면 세상에는 나가고 싶다.

항상 같은 일상 속에 갇힌 그녀는 가까운 섬에 표류된 한 남성을 우연치 않게 망원경으로 보게 되는데 재미있는 남자 김씨. 남자 김씨를 만나게 되면서 그녀의 일상에 변화가 생긴다. 급기야 행동이 달라지면서 주변에 관심을 가지기 시작한다.

처음부터 사람들이 고립된 삶을 자처하지는 않는다. 사람들에게서 받은 상처는 자신이 감당하기에 너무 크다. 숨는 방법이 최선인 것이다. 그것이 얼마나 답답한 일인지 알면서도 말이다. 여자 김 씨는 늘 세상 밖으로 나가고 싶다.

한 번 경험한 두려움은 매번 발목을 잡는다. 세상이 너무 무섭고 다시 찢기고 상처받을까 봐 지레 겁먹는다.

오토바이 헬멧이라도 쓰고 나가는 행동은 삶에 대한 끈을 놓지 않는 그녀의 의지로도 보여진다. 상처를 깨뜨리고 나아갈 수 있는 힘이 내면에 있다고 믿어보자. 그럼 정말 강력한 초인적인 힘이 나온다.

Tip 히키코모리 증후군 관련 자료

- 영화 : 외톨이(2008) / 흔들리는 도쿄(2008) / 김씨 표류기(2009)
- 드라마 : 이웃집 꽃미남(tvN, 2013) / 라스트(JTBC, 2015) / 오렌지 마멀레이드(KBS 2, 2015) / 하트 투 하트(tvN, 2015) / 운빨 로맨스(MBC, 2016)
- 책 : 콘센트(다구치 란디) / 공생충(무라카미 류) / 은둔형 외톨이(사이토 다마키) / 스타박스로 간 은둔형 외톨이(이소베 우시오)

마음이 허기질 때는 먹고싶어 : **야식증후군**

– 먹방은 보지 말고 사랑하는 사람과 함께

사랑의 결핍으로 늘 배고팠던 민지

항상 바쁜 어머니는 민지에게 관심이 없었다. 경제적으로 어렵다 보니 늘 밤늦게까지 일을 하셨다. 민지가 초등학교 6학년 때 부모가 이혼하면서 5년 넘게 거의 혼자 생활하였다.

충동적인 성관계, 폭식 행동 등이 그 아이의 일상이었다. 견디기 힘들었던 민지는 가출 청소년 쉼터에 스스로 찾아왔다. 심각한 우울과 두 번의 자살 시도, 자해 등 마음의 상처가 깊은 아이였다. 아버지와의 연락은 두절된 상태였다.

민지는 늘 혼자였고 중학교 2학년 때 처음 동네 오빠와 성관계를 하였다. 그때 당시 민지의 몸무게는 65kg 정도였지만 불과 몇 달 사이에 몸무게가 10kg 이상이나 늘었다. 민지는 성관계를 한 오빠가 자신을 사랑하는 것이라 믿고 있었다.

민지를 도울 방법을 찾아야 했다.

야식 증후군이란?

야식 경향이 반복적으로 나타나는 증상을 '**야식 증후군**(Night Eating Syndrome)'라 한다. 야식 경향은 저녁 식사 이후 먹는 음식의 열량이 하루 총 섭취량의 50% 이상 차지한다. '밤참 병'이라고 불리며 정식명칭은 '야간식이증후군'으로 앨버트 스턴커드(Albert Stunkard)박사가 최초로 발표했다.

하루 종일 먹지 않다가 저녁에 몰아서 먹는 습관은 폭식 장애를 유발시킨다. 폭식 행동에 감정 기복과 스트레스를 더한 가짜 식욕이 발동하면 일반적인 폭식 장애보다 훨씬 더 많은 양을 먹는다.

이것이 진짜 식욕일까?

치유 일기

야식은 실제로 배고픈 것이 아니라 심리적 허기가 채워지지 않아 음식으로 보상하려는 심리가 많다.

너무 많은 '먹방'(먹는 방송)이 문제인데 사회가 점차 게걸스러워지는 것 같다. 여행 프로에서도 먹방, 교양 프로에서도 먹방, 뉴스에서도 먹방. 남이 먹는 것을 쳐다보는 것이 민망스럽지 않은가? 먹방 제작자는 시청율이 잘 나온다는 이유만으로 더욱 비만 사회로 몰아가고 있다.

먹망이 유행하는 이유는 스트레스를 풀 방법이 마땅치 않으니 가장 손쉬운 먹는 것으로 미디어가 조장한다는 것을 알아야 한다.

우리 사회는 여러 가지로 막힌 사회이다. 성욕性慾과 식욕食慾은 긴밀하게 연결된다는 것은 상식이다. 성욕을 푸는 방법이 막히니 가장 무난하고 비난이 약한 먹는 것으로 해결하는 것이다.

지구상에는 미국처럼 많이 먹어 죽는 사람이 많은 사회와 먹을 것이 없어 굶어 죽는 아프리카가 불균형을 이루고 있다. 우리나라는 점차 미국 사회를 닮아가고 있다. 미국은 비만 때문에 들어가는 사회적 비용이 엄청나게 많다. 비만 때문에 미국 망할 거라는 진단도 있다.

야식증후군을 치유하려면 식욕을 돋우는 먹방을 절대 보지 말고 심리적 허기를 채우는 방법을 찾아야 한다.

외로움은 혼자 있기에 느끼는 감정이니 미혼이라면 이성 친구를 만들어 보자. 사랑하는 사람이 생기면 정신적 허기가 충족된다. 내가 신경써야 할 사람이 있으므로 식욕에 쓰일 에너지를 다른 곳에 쓰는 것이다.

실용적으로 치유하는 방법으로 칼라테라피의 방법을 소개한다. 붉은 계통, 노란 계통의 색은 식욕을 돋우고 파란색이나 초록색은 식욕을 억제해 준다. 식탁보나 의자 등 주변을 파란색으로 인테리어해 보자. 파란 계통의 그림을 벽에 걸어두거나 허브를 키우면 좋다.

음악 치유도 있다. 빠른 음악이나 느린 음악을 들으면 식욕이 억제된다고 한다. 빠른 음악은 긴장하여 위장운동이 정지되고 느린 음악은 안정감을 주어 수면이 쉽게 이루어진다.

『음식 없이 나를 위로하는 50가지 방법』(수잔 앨버스)라는 책에 나온 독특한 방법으로 설거지, 기도문 암송, 마음 일기쓰기, 요가, 식물가꾸기, 수다떨기 등이 있다.

그 중에서는 자기 컨트롤하는 방법이 나오는데 소개해 본다.

배고프다는 신호에 반응하기까지의 시간을 늘려가려면 몇 번의 시행착오를 거쳐 몸의 반응 정도를 살핀다. 먼저 심리적인 허기의 정도를 1~10까지 점수로 매겨본다. 10이 가장 강한 충동을 느꼈던 때라면 혹시 이때 몇 분이나 견뎠으며 어떤 행동을 했는지 기록한다. 처음에는 5분을 견디는 것이 어려울 수 있어 1분이라도 참아보는 훈련을 반복하다 보면

서서히 인내력도 커진다.

근본적으로 먹는다는 것에 대해 생각을 해 보아야 한다.

이 음식이 어떤 과정을 거쳐 내 앞에 왔는지 생각해보는 것이다.

많은 사람들의 노력이 들어간 음식을 나는 편하게 손가락만 움직여 먹는다. 음식을 대할 때 감사하게 생각하고 노력의 댓가에 대해서도 생각해 보면 먹는다는 행위가 결코 가벼운 것이 아니다.

영화 이야기 - 심야식당

Midnight Diner 2012 감독: 마츠오카 조지
제작 : 아토무비 크리에이티브   수입 : 엔케이컨텐츠   배급사 : (주)영화사 진진

영화 '심야식당'은 도쿄의 번화가 뒷골목에 자리 잡고있는 식당이다. 저녁 12시부터 아침 7시까지 영업을 하는 밥집이다. 주로 퇴근길에 사람들이 야식을 먹으러 가게에 들른다. 손님들은 모두 자신만의 에피소드가 있다. 공감 백배 되는 부분이다.

주인인 마스터는 고객으로 오는 손님에게 정성스런 음식을 대접한다. 진솔한 이야기를 진심으로 들어주는 이곳. 따뜻한 공감과 격려로 동네사랑방이 된 식당. 육체의 허기 뿐 아니라 심리적 허기를 달래주는 심야식당은 현대인들의 지친 마음을 음식이라는 매체를 통해 사람들과의 소통을 이야기 한다.

맛있는 음식을 먹으며 마음을 나누는 일, 누군가가 내 이야기를 들어주고 공감해주고 위로해준다면 외로움에 그보다 좋은 특효약이 있을까. 주인공 마스터 역시 삶에 굴곡 있는 사람이다.

매번 음식이 나오지만 탐욕스럽지 않다. 삶에 지치고 마음에 상처받은 사람들이 마스터의 도움으로 새 삶을 살아가는 이야기이고 음식은 하나의 매개체이다. 그날 손님이 원하는 음식이 나온다는 발상도 좋고 마음이 따뜻해지는 영화다.

Tip 야식 증후군 관련 자료

- 영화 : 심야식당(2015)
- 드라마 : 오 나의 귀신님(tvN, 2015) / 식사를 합시다(tvN, 2016) / 막돼먹은 영애씨(tvN, 2016)
- 책 : 가짜 식욕 진짜 식욕(캐런R.쾨닝) / 음식 없이 나를 위로하는 50가지 방법(수잔 앨버스)

도와주었으니 나를 존경해 : **백기사 증후군**

– 문제를 해결하려 하지 않고 잘 들어주기

자신이 버림받았다는 상처로 힘든 신영 씨

신영 씨는 8살 때부터 영문도 모르고 남의 집에서 가정부 생활을 하며 눈칫밥을 먹고 자랐다. 자신을 버린 부모님을 원망하면서 사랑을 갈망하고 있었다. 그녀는 스무 살에 가정부 살던 집에서 나와 혼자서 살기로 마음을 먹었다. 그녀는 식당에서 일하면서 검정고시로 고등학교도 졸업했다. 결혼도 하고 가정을 꾸리며 살았다. 신영 씨가 가장 어려운 것은 타인의 부탁을 거절하는 일이다. 거절하면 자신을 만나주지 않을까 두려웠다. 가끔은 과할 정도로 자신을 희생했다.

하루는 이웃에 사는 지인이 매운 음식을 먹길 원하자 거절하지 못하고 먹어 응급실에 실려 간 적도 있었다. 다행히 하루 정도 입원을 하고 퇴원하였다. 지인이 자신처럼 해주지 않자 가끔 화나고 마음이 상한다고 말한다. 사람들에게 불편하다는 소리를 하면 자신을 밀어낼 것 같다. 지인이 약속을 잊어버리고 장소에 나오지 않아도 웃으며 넘어간 적도 많다. 심지어 식당일을 하면서 만난 친구가 매번 돈을 빌려 가서 갚지 않아도 다시 그 친구에게 돈을 빌려주는 행동을 반복했다.

백기사 증후군이란?

상처가 많고 힘들어하는 사람에게 매력을 느끼는 것을 '**백기사 증후군** (White knight syndrome)'이라 부른다. '백기사'는 중세시대부터 '구원자'라는 뜻으로 영화나 소설 속에 백마를 타고 나타나 곤경에 빠진 사람들을 구해주는 영웅의 모습이다. 가끔은 어려운 상황에서 나를 구해주는 영웅에 대한 환상을 꿈꾸기도 한다. 말 그대로 환상이다!

순수하고 이타적인 마음으로 남을 돕는 것이 아니다. 그렇다고 믿는 것일 뿐 사실은 상대에게 지나치게 개입한다. 이기적인 구원자의 인정과 사랑을 받고자 하는 강한 욕구가 있다.

정신분석심리학자 메리 라미아(Mary C. Lamia) 박사는 백기사를 4가지 유형으로 나누었다.

> 1. 균형 잡힌 백기사는 대가성이 없이 스트레스를 받지 않고 순수하게 베푸는 사람이다.
> 2. 감정이입이 뛰어난 백기사는 상대에게 필요한 사람이 되고싶어한다.
> 3. 약한 사람만을 찾아다니며 자신이 강한 사람이라는 것을 어필하려는 백기사는 비뚤어진 백기사다.
> 4. 사람들을 통제할 때 폭력, 위협을 가하는 무서운 백기사는 자신이 잘못하여 상대가 화가 난 것처럼 생각하게 만들어서 그 사람을 통제한다.

부모에게 사랑받기 위해 자기감정을 희생하는데 욕구는 충족되지 않는다. 해결되지 못한 욕구는 성인이 되어 타인에게서 보상받으려 집착하는데 이때 건강하지 못한 구원자가 되어 무기력하고 의존적인 사람들만 찾아다니며 무한한 사랑을 주고 대리만족을 느낀다.

자신이 도움을 준 상대방에 대한 믿음이 지나쳐 대가성을 바라는 마음이 된다. 자신의 마음과 타인의 마음 분리가 어렵다 보니 타인의 사랑이 좌절되면 상처받은 마음은 분노로 바뀐다.

치유 일기

신영 씨는 평소에 책 읽는 것을 좋아한다고 하여 상황을 다른 시각으로 보게 하고 싶었다. 혜민 스님의 '완벽하지 않은 것들에 대한 사랑'의 한 구절을 읽어주었다.

"누군가의 아픔을 치유한다는 것은 그런것 같습니다. 내가 그 사람이 가진 문제 해결 방법을 알기 때문에 가능한 것이 아니라 오히려 나도 당신과 같은 비슷한 아픔이 있었다고 마음을 열고 잘 들어주며 공감해 줄 때 또렷한 답이 없더라도 상대는 용기를 얻고 나아집니다'"

[출처] 완벽하지 않은 것들에 대한 사랑(혜민 스님) 115p

이 내용을 책상이나 잘 보이는 곳에 붙여놓고 여러 번 반복해서 읽고 마음 속에 깊이 새긴다면 마음이 조금 편해질 것이다.

신영 씨는 오랜 고민 끝에 친정어머니와 마주하기로 했다. 그녀는 부모를 만나면 '왜 버렸냐고!' 묻고 싶다고 했다. 진짜 부모는 왜 어린 나이의 신영 씨를 버렸을까? 버린 것이 맞을까?

그때만 해도 가정형편이 어려워서 부잣집에 가정부로 보내던 시절이다. 언젠가 신영 씨가 찾아올 것이라는 믿음으로 오래된 집에서 이사도 가지 않고 살고 계셨다. 그녀는 조금 더 일찍 오해를 풀지 못한 자신을 탓하기도 했지만 앞으로 남은 동안 부모님과 좋은 시간을 보내기로 했다. 이제는 미움과 분노의 틀에서 벗어나 마음의 편안함을 얻었다.

예술 작품 중에 애정 결핍으로 탄생하는 경우가 많은데 똑같은 애정 결핍이라도 예술로 표현하면 위대한 작품이 되면서 남에게 영향을 줄 수 있는 반면, 삐뚤어진 표현으로 하면 범죄자가 되는 것이다.
뭉크가 그린 마돈나는 모성애 결핍으로 태어난 작품이다.
화가 뭉크가 다섯 살 때 어머니는 폐병으로 죽었다. 누나도 같은 병으로 죽고 여동생도 정신질환에 걸렸다. 이러한 비극은 모성애 결핍으로 이어지고 모든 여자는 나를 떠날거라는 무의식적 생각이 자리잡았다.

마돈나 Madonna 1894~1895 (뭉크)

다그니 유을이라는 여자는 뭉크의 편견을 깰 정도로 교양이 있고 아름다운 여자였다. 뭉크는 그녀를 사랑했지만 거절당해 다시 큰 상처를 입었다. 유을이 뭉크의 친구와 결혼한 것이다. 만약 뭉크가 충격으로 폭력을 행사했다면 범죄자가 되었지만 뭉크는 이를 예술로 승화시켰다.

정신분석학으로 보면 예술가의 창작은 자가 치료 행위다. 예술치료라는 것이 그런 토대로 행해지기에 자신의 마음을 표현하는 것만으로 치료가 되는 것이다.

영화 이야기 - 혐오스러운 마츠코의 일생

영화 '혐오스러운 마츠코의 일생'에는 희생이 익숙한 마츠코가 등장한다. 그녀는 어릴 때부터 아픈 여동생으로 아버지의 사랑을 제대로 받지 못한다. 충족되지 못한 사랑과 좌절된 경험은 그녀의 삶에 있어 평생 영향을 미치게 된다.

중학교 교사였던 마츠코의 집을 조카가 정리하면서 이야기는 시작된다. 그녀는 왜 혐오스러운 사람이 되었을까? 왜곡되고 비뚤어진 사랑 방식과 학교에서의 일방적 해고 등 일련의 과정으로 그녀의 삶이 차츰 꼬이기 시작했다.

그녀의 무조건적 사랑은 자신을 과할 정도로 희생한다. 평범하지 않은 남자들과 만남은 오히려 그녀를 더 고립시킨다. 결핍된 애정은 남자라는 대상을 통해 보상받고자 했고 그마저도 마츠코에게는 허락되지 않았다. 비극적인 자살로 끝내버리는 마음 아픈 영화다.

그녀는 아버지, 여동생, 남동생 모두가 자신을 사랑했다는 것을 모른다. 사랑에 배고픔은 타인에게 자신을 희생해서라도 그 사랑을 채우려한다. 사랑받지 못한다고 느끼는 것 만큼에 괴로운 일은 없으니 말이다.

Memories Of Matsuko, 2012 감독 : 나카시마 테츠야
제작 : 어뮤즈 소프트 엔터테인먼트 수입 배급사 : 스폰지

Tip 백기사 증후군 관련 자료

- 영화 : 미저리(1991) / 다크 나이트(2009) / 혐오스런 마츠코의 일생
  (2007)
- 책 : 백기사 신드롬(메리 라미라)

웃는 가면 뒤에서 우는 얼굴 : 스마일마스크 증후군

- 슬플 때는 슬피 울라

타인의 눈치를 보고 반응을 살피는 것이 일상이 된 나영 씨

　나영 씨는 어릴 때부터 부모의 눈치를 보고 자랐다. 둘째인 그녀는 항상 언니와 동생 사이에서 힘들었다. 언니는 공부도 잘했고 동생은 똑 부러지고 야무졌다. 상대적으로 부족한 자신을 부모는 좋아하지 않았다. 그녀의 직업은 백화점에서 운동화를 판매한다. 열심히 일해서 매니저가 될 것이라고 하지만 쉽지는 않다. 동료들은 자신에게 성격이 좋다고 말하는데 진짜 그녀의 모습이 아니다. 늘 필요 이상으로 억지웃음을 짓거나 힘들어도 웃어야 했다.

　항상 웃지 않으면 사람들이 싫어할 것 같은 마음이 자신을 괴롭혔다. 주변 사람들이 자신을 성격 좋고 활발한 사람으로 기억하기에 더더욱 의미 없이 웃는 행동을 멈출 수가 없다. 모임에 나갈 때도 사람들이 원하는 모습에 맞춰주는 것이 익숙했고 밝은 척 했다.

　자신의 감정과 상관없는 행동 때문에 종일 웃다가 집에 오면 공허한 생각이 든다. 나영 씨는 자신의 불우한 양육환경과 자신의 모습을 숨기고 싶었다.

스마일 마스크 증후군이란?

 항상 밝은 모습만 보여야 한다는 강박에 사로잡혀 슬플 때도 무조건 웃어야 한다고 생각하면 '스마일 마스크 증후군(Smile Mask Syndrome)'이다. 가면성 우울은 울적한 기분이 있는데 감정이 겉으로 드러나지 않아 더 위험하다.

 '감정노동(Emotional labor)'은 미국 버클리 캘리포니아 주립 대 사회학 교수인 엘리 러셀 후실드(Arlie Russell Hochschild)가 처음 사용한 단어다. 인간의 감정까지 상품화하는 현대사회의 단면을 표현하는 말이다. 감정을 억누른 채 직무에 맞는 정형화된 행위로 인해 감정적 부조화를 초래한다.

 과도한 경쟁, 지나친 업무, 웃어야만 인정받는 사회적 풍조는 누구도 스마일 마스크 증후군에 안전할 수는 없게 한다. 비단 서비스 감정노동자들에게만 해당하는 사항은 아니라는 말이다. 일반 직장에서도 마찬가지로 자신의 진짜 감정을 숨겨본 경험과 사회적으로 용인된 감정만을 표현한 적이 있었을 것이다.

 집단 사회의 행동 규범 또는 역할을 위해 인간은 천 개의 가면을 지니고 있다. 가면은 적절하게 '인터페이스(interface)' 역할을 해준다. 하지만 나의 거짓된 가면과 분리되지 못한 억압된 감정은 우울을 초래한다.

치유 일기

 나영 씨가 공허감이 드는 것은 당연했다. 감추어진 또 다른 나의 모습이 들키기 싫으니 어떻게든 숨기려 든다.

 그녀에게 류시화 시인의 시 '민들레'를 읽어주었다.

민들레 / 류시화

민들레 풀씨처럼 높지도 낮지도 않게
그렇게 세상의 강을 건널 수는 없을까
민들레가 나에게 가르쳐주었네
슬프면 때론 슬피 울라고
그러면 민들레 풀씨처럼 가벼워진다고
슬픔은 왜 저만치 떨어저
바라보면 슬프지 않은걸까
민들레 풀씨처럼 얼마만큼의
거리를 갖고 그렇게 세상 위를
떠다닐 수는 없을까
민들레가 나에게 가르쳐 주었네
슬프면 때로 슬피 울라고
그러면 민들레 홀씨처럼 가벼워진다고

소리 없이 흐느끼던 그녀가 목 놓아 울기 시작했다. 한참을 그렇게 두었다. 이 시를 프린트하여 잘 보이는 벽에 붙여놓고 가끔씩 암송해 보기를 권했다. 그리고 눈물 흘릴 때 그 눈물을 닦아줄 사람을 찾아보도록 권유했다. 지나가 버린 부모의 사랑에 매달리기보다는 현재의 사랑에 충실해야 함을 깨달았다.

내면에 상처를 입은 '내면 아이'는 숨기려 할수록 더욱 강력한 가면을 만들고 진짜 나를 잠식시켜버리기에 부딪치고 나의 일부로 인정해주어야 한다.

분석심리학자 칼 구스타프 융(Carl Gustav Jung)이 말하는 페르조나(가면)은 자신의 그림자(shadow)로 숨기고 싶은 면이다. 쉽게 말해 남들에게 들키면 창피하고 싫은 모습이라 포장을 해서라도 감추고 싶다. 감

정은 긍정적인 것만을 원하는 것이 아니기에 부정적인 마음도 솔직하게
표현해야 더 건강하게 살 수 있다.

영화 이야기- 카트

카트, 2014 감독: 부지영 제작 : 명필름 배급사 : 리틀빅픽처스

　영화 '카트'는 2007년에 발생한 홈에버 노조 파업사태 실화를 바탕으
로 만들어졌다. 비정규직 중에서 여성들의 감정노동과 억압에 대해 다루
고 있다. 주인공은 5년 동안 지각 한 번 하지 않고 열심히 일하는 모범
적인 직원이다. 세 달만 있으면 꿈에 바라던 정직원이 될 수 있는 상황

에서 일방적인 사측의 부당해고로 끝내 그녀의 바람은 무너진다. 남의 일이라고만 생각되지 않을 것이다.

직장에서 상사의 말을 잘 들어야 승진한다고 생각하지만 정반대의 연구결과가 있어 흥미롭다. 화를 참지 말고 잘 내야 빨리 승진한다는 것이다.

미국 하버드 의대의 조지 베일런트 교수는 44년 동안 800여명의 심리와 승진을 연구했다. 그 결과, 직장에서 감정을 감추고 참은 사람은 승진하지 못할 가능성이 참지 않은 사람에 비하여 3배나 높은 것으로 나타났다.[1]

상식과는 반대되는 결과지만 생각해 보면 일리가 있다. 즉, 화를 내는 것이 카리스마나 도전 정신으로 본다면 자연의 이치와 잘 맞는다. 무조건 참고 수긍하는 '항복'이 아니라, 깨지더라도 도전하고 결전을 치르면 실패도 있겠지만 성공 가능성도 높다는 것이다. 또 남들도 카리스마 넘치는 그를 다르게 보고 인정하게 된다는 원리이다. 그러므로 내 잘못이 아닌데 질책을 받을 때나 불의를 보았을 때는 참지 말아야 한다.

Tip. 스마일 마스크 증후군 관련자료

- 영화 : 카트(2014) / 웃는 남자(2013) / 핸드폰(2009) / 롤러코스트(2013), 마스크(1994) / 반칙왕(2000) / 조커(2019)
- 드라마 : 가면(SBS, 2015) / 미생(tvN, 2014)/ 직장의 신(KBS,2013)
- 책 : 인간 실격(다자이 오사무)

---

1) Telegraph, 2009년 3월 1일.

프로들 속에서 난 아마추어야 : **사기꾼 증후군(자기 비하)**

– 나를 응원하는 목소리에 귀를 기울이자

자신의 능력을 과소평가하는 혜선 씨

혜선 씨는 본인이 일을 정말 잘하고 있다는 것을 인정하지 않는다. 현재는 주민 센터를 다니다 잠깐 쉬고 아르바이트를 하는 중이다. 40대 주부인 그녀는 한시도 가만히 있지 못한다. IMF 사태 이후 남편 사업이 망하고 경제적인 어려움을 겪었던 터라 쉬지 않고 일을 한다.

그녀는 아르바이트하는 곳마다 일 잘한다고 주인이 더 있기를 권유할 정도지만 그 말을 믿지 않는다. 예의상 하는 말이고 자신이 잘하는 것은 하나도 없다고 생각한다.

주민 센터는 계약직이라 1년이 되면 재계약을 하는데 근무 제의가 들어와도 항상 망설인다. 대부분은 재계약을 못 하지만 그녀는 다른 사람에 비해 기간 연장하는 횟수가 많았다.

자신은 그저 운이 좋을 뿐이고 스스로 능력을 인정하지 못한다. 늘 주변 사람들과 끊임없이 비교하며 자신을 한없이 깎아내리고 있었다. 결혼 후에는 잠시 일을 그만두고 주부로 생활하다가 남편 사업이 부도나면서 다시 아르바이트를 시작하게 되었다.

사기꾼 증후군이란?

자신의 성공을 매우 과소평가하며 자신의 실력이 아닌 무조건 운으로 돌린다. 자격이 없는데 주변 사람들을 기만하여 이 자리까지 오게 되었다는 불안 심리를 '**사기꾼 증후군** (lmposter syndrome)'라 부른다.

1970년대 미국 조지아 주립대학 폴린 클랜스(Pauline clance)와 수잔 임스(Suzanne Imes)가 처음 사용한 말이다.

자신의 실력을 믿지 못하고 언젠가는 부족한 자신의 정체가 드러날 것이라는 두려움을 가지고 있다.

타인이 실제 이상의 자신의 모습을 원한다 생각하며 기대에 맞추려 노력한다. 하지만 자기비하적이고 실패와 거절에 민감하여 자신에게 조금 높은 기대를 걸다가도 실패로 끝날 것 같은 두려움을 동시에 느낀다. 혹시라도 실패하면 원래 그 정도밖에 안 되는 사람이라 위안 삼아 회피한다.

타인의 관점에 따라 자기 입장을 재정비할 수 있는 것을 '프레임(Frame)'이라 하는데, 역할 모델이다. 타인이 바라보는 나와 진정한 자신 사이에서 혼돈이 일어나게 된다. 자신의 모습이 아닌 다른 사람들의 프레임에만 맞춰 살게 된다.

남들이 좋은 평가를 해주어도 그다지 관심을 기울이지 않는다. 능력이 부족한 사람보다는 정말로 능력이 있는 사람들에게 불안이 더 많이 보여진다.

치유 일기

혜선 씨에게 칭찬받았던 기억을 떠올리고 한 장면을 그려보라고 했다.

초등학교 도서실 서적을 카테고리별로 잘 분류해서 인정받았던 기억이 떠올랐다. 장면 속 혜선 씨는 열심히 라벨 작업하는 모습이었다. 자신의 모습을 시각화시키는 것은 중요하다.

머릿속에 생각은 그 안에 머물고 있어 도화지 밖으로 구체적으로 나온 모습과는 다르다. 반복적으로 정리와 관련된 긍정적 에피소드를 찾아갔다. 주민 센터에서도 분류를 잘해 칭찬받았던 기억, 그녀는 차츰 자신이 서류 정리나 물건 정리를 잘하는 사람이라는 것을 인정하며 위축 되었던 마음을 조금씩 열기 시작했다.

우리는 각자의 재능을 가지고 태어난다. 이를 인정해 줄 때 비로소 진정한 내가 된다는 것을 혜선 씨도 깨닫기 시작했다.

그녀는 정리수납과정을 공부하기로 했고 1년이라는 만남 속에서 정리수납 2급 자격증을 취득했다. 10년 뒤 모습을 혜선 씨는 정리수납을 강의하고 있는 자신과 사무실에서 경리 보는 남편을 그려놓고 한참 웃었다.

종이에 크게 그린 금고는 부부가 열심히 일해서 모은 돈을 넣을 것이다. 자격증 취득은 그녀에게 또 다른 삶의 동기부여가 되었다.

우리 마음속에는 자신을 응원하는 목소리와 비판하는 목소리가 동시에 있다. 어느 목소리가 더 크게 들리는지에 따라 삶이 달라진다. 자신이 가지고 있는 강박관념, 틀에서 벗어나야지만 모든 것을 수용하고 온전한 나를 깨닫게 된다.

적당한 불안감은 동기부여와 더불어 실력이 향상되어 긍정적으로 작용한다. 그러나 과도한 불안감은 오히려 상황을 회피하는 아이러니한 상황을 만든다. 직접적인 경험에는 무관심하여 실제로 일을 유능하게 잘 처리하고 있다는 분명한 사실을 간과한다.

분석심리학자 칼 구스타프 융(Carl Gustav Jung)은 말했다.

"우리가 한평생 누릴 수 있는 특권은 진정 자기답게 사는 것이다."

영화 이야기 - 뷰티인사이드

뷰티 인사이드, 2015 감독: 백종열
제작 : 용필름 배급사 : 넥스트엔터테인먼트월드

영화 '뷰티인사이드'에는 매일 다른 모습으로 변하는 주인공 우진이 등장한다. 11년 동안 혼자 생활하다 보니 아침에 새로운 사람으로 변하는 것에 익숙하고, 자신만이 김우진이라는 것을 안다. 그때까지 삶에 아무런 문제가 없었지만 좋아하는 여자가 생기자 우진은 그녀와 함께 하고 싫었다.

하지만 비밀을 가지고 있는 자신의 정체가 들킬까 노심초사한다. 그녀를 만나는 시간이 늘 불안의 연속이다. 우진은 매일 새로운 사람으로 리셋되는 게 싫어 잠을 청하지 않기도 한다. 잠을 자지 않으면 변하지 않는다는 설정이다. 우진을 진심으로 사랑하게 된 그녀의 눈에 외모는 더이상 중요하지 않다. 그냥 김우진인 것이다.

중요한 것은 자신의 진짜 진정한 모습을 그대로 받아들이는 것이다. 숨기고 인정하지 않는다고 해서 사실이 아닌 게 되는 건 아니니. 외모가 바뀌어도 김우진은 김우진이다. 자신의 모습을 깎아내리지 말고 인정하고 수용할 수 있어야 비로소 진짜를 알게 된다.

타인 지향적인 사람들은 자신의 가치에 대해 늘 과소평가하기에 만족할 수 없다. 자신의 존재 자체를 부정하면 잘하는 것도 부정하게 되니 아무것도 잘하는 게 없는 사람이 되는 것이다.

Tip 사기꾼 증후군 관련자료

- 영화 : 뷰티인사이드(2015)
- 드라마 : 38사 기동대(OCN, 2016)
- 책 : 너에게 끌려다니지 않을 자유 (이재진) / 사기꾼 증후군(해럴드 힐먼) / 실패의 사회학(메건 맥아들)

좁은 공간 집단생활로 이상행동 : **고립 증후군**

- 집 밖에도 나만의 공간이 있다

믿었던 친구들의 배신으로 숨어버린 영미 씨

영미 씨는 이혼 후 세상과 사람들이 두려워 집안에서 주로 생활한다. 가끔 상담을 오는 것 이외에는 밖으로 나오지 않았고 믿었던 친구의 배신으로 힘들어했다.

그녀에게는 친한 친구들 다섯 명이 있다. 이혼 후 경제적인 어려움으로 친구들 모임에서 회비를 내지 못해 눈치가 보였다.

처음에는 괜찮다고 했던 친구들이 나중에 뒷담화를 한 사실을 알게 된 후 한 친구와 심하게 다투면서 관계가 서먹해졌다. 모두 학창 시절부터 20년 동안 알고 지냈던 친구로 힘든 삶의 버팀목이었다.

하루아침에 서로 의지했던 친구들을 잃은 상처는 사람들과 더욱더 연결 고리를 끊고 스스로 은둔 생활을 자처하게 만들었다.

그녀의 삶은 정서적으로 피폐해지고 공황장애가 발병했다. 가정 내에서만 생활하거나 좁은 집안 공간이 더더욱 그녀를 힘들게 했다. 한 공간에서 매일 부딪치는 친정엄마와는 갈등이 점점 심해졌고 중학생 딸과도 소원했다.

고립 증후군이란?

좁은 공간에서 외부와 고립된 채 집단으로 생활할 때, 심리와 행동이 격해지거나 변화를 나타내는 현상을 '고립 증후군(고립효과, lsolated effect)'라 한다. 고립된 공간에서 오랜 시간 함께 지낼수록 사소한 일로 감정조절이 어렵고 극단적 상황까지 이르게 된다.

장시간 고립된 생활을 할 때 자신만의 공간을 보장해줘야 한다. 외부와 단절된 곳에서 오랫동안 집단생활을 하다 보면 서로 간에 스트레스가 극대화되는데 이유 없이 짜증을 내기도 한다. 심할 경우 폭력적으로 변하는 일이 흔해진다.

고립된 환경에서의 장시간 노출은 사소한 일에도 심리적으로 격한 반응을 보이게 만든다. 외부와 단절된 공간이기에 심리적으로도 더 답답함을 느낀다. 마음이 무거워지기에 초조하고 불안하며 외로움 등의 복합적인 감정들과 행동이 뒤섞이게 된다.

한 연구에서는 실험용 흰 쥐들을 좁은 공간에 격리시키고 관찰하였다. 처음에는 정상적으로 행동했던 쥐들이 새끼를 낳아 수가 많아지면서 공간이 점점 비좁아지자 공격적으로 변하고 같은 종족끼리 물어뜯고 죽이기 시작했다.

동물들은 밀집된 공간에서 자신의 영역을 지킬 수 없을 때 새끼를 죽이기도 하고 교미를 하지 않거나 서로 잡아먹으려는 행동이 나타났다.

동물이 자기 영역을 지키는 것처럼 인간도 사적 공간을 침범받았을 때 평소와 다른 동물적 반응이 나타난다. 지하철을 탔을 때 주변에 빈자리가 많은데도 불구하고 굳이 내 옆에 앉는다면 불편감이 든다. '왜 굳이 많은 자리 두고.' 아마 이런 생각을 한 번 쯤은 했을 것이다.

치유 일기

　그녀는 이해받고 싶었지만 기댈 수 있는 대상이 없었다. 지금 하고 싶은 것이 무엇인지 물었다. 여행을 가고 싶다고 했다.

　얼굴 모양 가면에 자신의 모습을 그리고 색을 칠하는 작업을 통해 어떤 모습으로 살고 싶은지 물었다. 중학생인 딸에게 좋은 엄마가 되고 싶다. 동기는 충분했다. 그녀가 변화되고 살아야 하는 이유 말이다.

　영미 씨가 가장 믿는 동생과 만나 여행을 제안했다. 아직은 대중교통 이용이 어려운 언니를 위해 렌트카를 빌려 당일치기로 갔다 오기로 했다. 여행은 고립에서 벗어나는 아주 좋은 방법이다.

여행이란, 우리가 사는 장소를 바꿔주는 것이 아니라 우리의 생각과 편견을 바꿔주는 것이다.　　　　　　　　　　　　　　　　　　 - 아나톨

지금 당장 경제적으로 독립할 수 없지만 한 부모 혜택과 임대아파트를 알아보며 노력하기로 했다. 고립 증후군은 물리적으로 공간을 확보해 주는 것이 가장 기본적인 해결책이다.

집이 답답하면 집을 나와 나만의 공간을 찾아보는 것도 좋다.

도서관이나 카페, 공원, 박물관, 체육관, 서점 등도 치유가 되면서 나의 발전도 될 수 있다.

주말에 좁은 방에서 스트레스 받지말고 도서관에서 지내면 지식과 지혜가 생겨 삶의 변화가 생길 것이다. 체육관에서 시간을 보내면 몸이 튼튼해질 것이다.

영화 이야기 - 샤이닝

스티븐 킹의 소설을 바탕으로 한 스탠리 큐브릭 감독의 영화 '샤이닝'에는 소설가 잭이 등장한다. 영화의 잔인성 때문에 국내 개봉은 못한 영화지만 인간의 본성에 있는 극단적인 면이 너무 잘 표현된 영화다.

잭은 겨울 동안 글쓰기 위해 외딴 호텔에 관리인을 자처하여 아내, 아들과 호텔에 묵게 된다. 시간이 지날수록 창작의 고통과 금주로 금단증상을 호소하다 호텔에 떠도는 원혼을 목격한다. 그는 점점 광기 어린 폭력자로 변해간다. 잭은 이성을 잃고 무엇에 홀린 듯 아내와 아들을 죽이려 한다.

다행히 아내와 아들은 무사히 탈출하게 되지만 잭은 눈 속에 갇혀 죽게 된다. 인간이 고립된 환경 속에서 심리적으로 느끼는 불안, 공포, 초조함 등의 기본적인 감정과 원혼이라는 상징과 연결되어 어떻게 광기로 표현되는지 섬세하고 극단적으로 나타낸 영화다.

결말은 비극으로 끝났지만 이것을 반면교사 삼아 성찰을 해보자.

The Shining, 1980 감독: Stanley Kubrick
제작 : 더 프로덕트 서클 컴퍼니, 페레그린 프로덕션 호크 필름스
수입 : 배급사 : 워너 브라더스 코리아 (주)

Tip 고립 증후군 관련 자료

- 영화 : 샤이닝(1980) / 남극의 쉐프(2009) / 미스트(2008)
- 드라마 : 화이트 크리스마스(KBS, 2011)
- 책 : 조난자들(방진호) / 파리 대왕(윌리엄 골딩) / 섬(아민그레더)

2장. 불안한 나
사회 심리적 증후군

　적절한 불안 수준을 유지하는 것은 생존하는데 도움이 된다. 불안을 무조건 불편한 감정이라고 치부할 것이 아니다. 그 감정을 통해 순기능적인 역할을 활성화시킬 수 있다는 것도 기억해야 한다.

　도구적 의존성은 어떤 일을 혼자 할 수 없을 경우 함께 하기 위해 다른 사람의 힘에 의존한다. 때에 따라 의존성은 필요하다는 말이다. 그렇다고 모두 도구적, 정서적으로 의존해야 하는 것은 아니다. 상황에 따라 적절하게 균형을 맞춰야 한다.

　타인과의 관계에서 늘 기대거나 감정적으로 의존한다면 문제가 된다. 실용적이면서 정서적으로 의존할 수 있는 수준을 유지하면 괜찮지만 다른 사람이 자신의 감정에 대해 완전히 책임을 지도록 하는 수동적 의존성은 대상이 사라졌을 때 더 불안해진다. 스스로 주체적인 사람이 되지 못하고 혼란스럽다.

　심리학자 토머스 길로비츠(Thomas Gilovich)는 "자신의 인생을 평가할 때 이상적인 자신을 향하여 나아가고 있는지 되고 싶은 인간에 가까이 다가서고 있는지를 생각하라"고 말한다. 이상적인 자기만을 쫓기보다 도전하고 실현 가능한 모습을 꿈꿔야 한다.

걱정이 너무 많아 걱정이야 : **램프 증후군**

- 걱정은 내게 맡기고 너는 다른 일 해 (걱정 인형)

아들이 늘 걱정스러운 엄마 미숙 씨

미숙 씨는 아들이 운전하는 것을 과도하게 걱정했다. 운전면허를 따고 얼마 되지 않은 초보자인 데다 회사에 직접 운전하여 출퇴근하기 시작하면서 불안증세가 심해졌다. 하루에도 수십 번 아들이 운전하다 잘못될 것 같은 생각이 그녀를 괴롭혔다.

출근하는 아들에게 매일 전화 걸어 별일 없는지에 대해 묻는 행동이 반복되었다. 매일 문자나 전화 때문에 아들과 갈등을 빚지만 불안한 마음을 놓을 수 없다. 아들은 매번 어머니를 안심시키지만 소용없다.

미숙 씨는 자신이 초보 운전 당시 사고를 냈던 적이 있는데 자꾸 그때가 떠오른다. 일어나지 않을 상황에 대해 걱정이 많았고 그때 사건도 가볍게 전봇대에 긁힌 정도였다. 그 이후로는 사고가 한 번도 나지 않았다. 비단 운전뿐 아니라 밖에서 일어나는 모든 사건에 대해 걱정이 많았다. 사소한 것 하나까지도 말이다.

램프 증후군이란?

'알라딘과 요술램프'는 소원을 들어주는 램프 요정이 등장한다. 요술 램프에서 알라딘이 요정을 불러내듯 근심, 걱정을 불러내어 스스로를 괴롭히는 행동을 '**램프 증후군(Lamp syndrome), 과잉근심현상(over anxiety syndrome)**'라 부른다.

불안감에 익숙한 사람들은 상황마다 불안해지는 요소를 찾아낸다. 불안 감정이 없어지면 더 불안해지기에 반복적으로 상태를 유지하려 한다.

불안이 높은 사람들은 타인에 비해 잠재적 위험이 현실화될 것을 높이 생각한다. 아직 생기지 않은 상황에 대해 불안해하는 것을 '예기불안'이라 부르는데 어렸을 때 부모의 양육방식과 스트레스의 경험에서 비롯되기도 한다.

치유 일기

램프의 요정은 실제로 존재하지 않는다.

불안함도 일종의 생각 습관이다. 티베트 속담에 "걱정을 해서 걱정이 없어지면 걱정이 없겠네."라는 말처럼 말이다.

심리학자 어니 젤린스키(Ernie J. Zelinski)는 우리가 하는 근심과 걱정의 40%는 절대로 일어나지 않는 것이며, 30%는 이미 일어난 일, 22%는 아주 사소한 것들로 고민하고, 4%는 우리 힘으로 어쩔 수 없는 불가항력적인 것이라고 말한다. 대부분이 불필요한 걱정이라는 것이다.

그녀와 상징적인 작업으로 걱정 상자를 만들고 필요한 걱정과 불필요한 걱정을 써보기로 했다. 그 중 불필요한 걱정이 담긴 상자는 묻어버리기로 했다. 머릿속에 생각들을 글로 쓰거나 그림을 그리는 과정 속에서 형체가 생기고 시각화가 된다. 유치해 보일 수 있는 일이 때로는 심리적으로 안정을 주기도 한다.

역사적, 지리적으로 고난의 연속이었던 과테말라에서 유래한 걱정 인형을 활용하는 방법도 좋다.

6개의 걱정 인형에게 하루에 하나씩 걱정을 말하면서 걱정을 버리는 것이다. 그럼 걱정 인형이 말 할 것이다.

"걱정은 내게 맡기고 너는 다른 일 해."

이것은 실제로 부적과 같은 효과가 있기에 많이 도움이 될 것이다.

걱정 인형 출처 : 네이버 백과사전

또한 걱정을 없애려면 평소 말하는 습관을 고쳐야 한다. 모든 일은 말하는대로 된다. 부정적인 말을 하는 사람은 부정적인 일만 일어난다.

짜증나, 괴로워, 징글징글해, 미치겠어, 죽겠어.

자기도 모르게 이런 말을 하고 있는지 주변 사람에게 평소의 말을 녹음을 해 달라고 하여 들어보면 자기도 놀라게 될 것이다. 그런 사람에게는 좋은 일이 일어나도 짜증나고 걱정될 뿐이다.

괜찮아, 다행이다, 최고야, 문제없어.

이런 단어들을 사용하면 긍정적인 기운이 퍼져서 걱정할 일이 없고 실제로 모든 일이 잘 풀릴 것이다.

영화이야기 - 킹스 스피치

The King's Speech, 2010 감독:Tom Hooper
제작 : 영국영화 진흥위원회, 시소 필름스, 베들렘 프로덕션스
수입 : (주)영화사 그랑프리   배급사 : (주)화앤담이엔티

영화 '킹스 스피치'는 실제 인물인 영국의 조지6세 왕 이야기를 다룬다. 주인공 버티는 어렸을 때부터 엄격한 아버지로 인해 항상 긴장 상태

로 살아왔다. 설상가상으로 학창 시절에는 왕따를 당하는 등 성장 과정 속에서 트라우마를 겪는다.

형이 왕위를 포기하면서 왕의 자리에 오르게 된 버티는 사람들 앞에서 연설을 해야 한다. 왕의 자리가 버거운 그는 마이크 앞에서만 서면 말을 더듬는다. 2차 세계대전으로 불안한 이 시기에 국민들은 새로운 왕이 간절하다. 그런데 왕이 말더듬 콤플렉스가 있다니.

그는 연설을 할 때마다 불안 증세를 보이고 걱정부터 앞선다.

영화는 버티가 불안을 극복하고 왕으로서 성공적인 연설을 하는 것으로 마무리된다. 실제로 조지 6세 왕에게는 현명한 배우자인 엘리자베스 보우스 라이언의 헌신적 내조가 있었다. 괴짜 언어치료사 라이오넬 로그의 도움으로 마침내 언어장애를 극복하고 멋진 연설을 하게 되는 것으로 끝난다.

우리의 생각은 감정을 지배한다. 불안한 감정은 오히려 더 실수하는 행동으로 이끈다. 결국 내가 걱정이라는 생각 속에 머무르며 부정적인 감정을 만드는 동안 행동은 이미 불안을 감지하고 위축되어 있다. 쓸데없는 생각에서 벗어나려면 머무르지 말고 주의를 다른 건설적인 생각으로 돌리는 훈련을 하자.

Tip 램프 증후군 관련 자료

- 영화 : 애니 홀(1977) / 맨해튼(1979) / 불안은 영혼을 잠식한다(1997) / 테이크 쉘터(2011)
- 드라마 : 괜찮아 사랑이야(SBS, 2014)
- 책 : 과잉 근심(리쯔쉰)

유명인이 죽으면 따라 죽고 싶어 : 베르테르 증후군

- 어떻게 죽어야 좋은지 알면 살아야 할 이유도 알게 된다

평생 잊을 수 없는 상처를 지닌 혜리 씨

22살인 혜리 씨는 19살 때 사촌오빠에게 성폭력을 당했다. 가장 힘든 시기에 상처를 받고 사실을 힘들게 어머니에게 이야기했지만 묵인했고 다시 이야기도 꺼내지 못하게 했다. 어머니와 이모는 사이가 좋고 어릴 때부터 사촌오빠와도 잘 지냈다. 이 일로 분란이 생기는 것을 원치 않았다.

화성에서 공장을 운영하는 아버지는 이런 내막을 전혀 모르기에 사촌오빠를 공장에 취직시켰다. 그러다 공장이 바빠지면서 혜리 씨에게 취업 전까지 돕기를 부탁했고 거절할 수 없어 도와주기로 했다.

그녀는 사촌오빠를 피하면 괜찮을 것이라 생각하며 혼자서 버텼다. 공장 일을 도우면서 자주 부딪히게 되었고 그때마다 기억이 떠올라 죽이고 싶었다. 일을 잘하는 사촌오빠를 아버지는 신임했다.

얼마 후 공장에 베트남 여성이 입사하였는데 사촌오빠가 그 여성을 성폭행했다. 언어도 통하지 않는 그녀에게 몹쓸 짓을 하고도 너무 당당했다. 아버지는 사실이 알려질까봐 베트남 여성을 다른 곳으로 취업시켜주었다. 무슨 드라마나 영화도 아니고 혜리 씨는 이 사건으로 사촌오빠에 대한 분노가 극에 달했다.

분노는 엄마도 사촌오빠도 아닌 자신에게 향해있었다. 아버지의 공장을 그만두고 우울감이 밀려오기 시작했고 아무것도 할 수 없는 자신이 무기력했고 슬펐다. 두 번의 자살 시도로 손목에 그어진 자국이 그녀가 지금 얼마나 절망적이고 힘든지 말해주었다.

베르테르 증후군이란?

영화 '젊은 베르테르의 슬픔'(1976)
감독:에곤 군터

평소 좋아하던 사람이나 유명인이 죽음을 맞게 될 경우 자신과 동일시하여 자살 시도하는 현상을 '**베르테르 증후군(**werther syndrome, 베르테르 효과)**'**라 한다.

1774년 발표된 독일의 작가 볼프강 폰 괴테(wolfgang von Goethe)의 작품 〈젊은 베르테르의 슬픔〉에서 베르테르가 권총 자살을 한다. 소설로 인해 많은 수의 독일 청년들이 자살을 모방하는 행동이 나타났다. 소설 속 주인공 베르테르의 이름을 따서 부르게 되었고 다른 말로는 '모방 자살(copycat suicide)', 자살 전염(sui cide contagion)이라 한다.

자살 연구학자 데이비드 필립스(David philips)는 유명인을 따라서 자살이 급증하는 행동 패턴을 연구하였다. 유명인이 사망한 것만으로 동조하기보다는 언론매체를 통해 부정적인 자살 기사 노출이 영향을 미친다는 결과가 나왔다.

자신이 좋아하는 연예인이나 유명인의 자살 행위가 잠재적 자살자들에게는 영향을 미친다. 자신의 삶보다 더 화려하게 살던 사람이 스스로 목숨을 버린 것에 대한 자기 위안과 당위성이 생긴다. 자살에 대한 환상과 용기, 동기를 부여시키기에 충분한 조건이 될 수 있다.

'루핑 효과(looping effect)'는 평소에는 관심이 없던 사실에 대해 언론의 보도에 의해 관심을 가지게 되는 현상을 말한다. 언론에서 비추어지는 연예인의 자살 보도는 잠재적 자살자들의 자살률을 조장하기에 자제해야 한다.

동일시는 자기가 좋아하거나 존경하는 사람의 태도, 가치관, 행동 등을 자기 것으로 받아들이는 거다. 긍정적인 면도 있지만 모방 자살처럼 역기능을 하기도 한다. 모방 자살은 자살 행위 자체가 전염되는 사회전염의 일종으로 자신도 모르게 감염된다.

치유 일기

나중에 알게 된 사실은 어머니가 혜리 씨 2살 때 재혼한 분이다. 열심히 가정생활에 충실했고 남편과도 사이가 좋았다.

혜리 씨에게 〈나는 베르테르는 알지만 베르테르 효과는 모른다〉는 시가 수록된 시집 『그대에게 가는 의미』를 권했다. 상처가 있지만 견디고 이겨낸 내용의 시집이다.

베르테르의 애인 로테의 성품은 어떤가?

베르테르와 로테는 어떤일로 처음 만나게 되나?

로테와의 사랑이 이루어 질수 없다고 느낀 베르테르는 어떻게 행동했나?

베르테르가 죽으면서 함께 묻어 달라고 부탁한 것은 무엇인가?

이 물음에 답을 할 수 없다면 / 그대는 죽지마라

죽는 문제에 있어서는 / 너에게 물어보지 말고 / 타인에게 물어보라

누구를 따라 죽는다는 것은 자존심 상하는 일이다

최소한 너의 효과를 만들어야 하지 않는가

– 김율도

〈'나는 베르테르는 알지만 베르테르 효과는 모른다' 시 일부 中〉

김율도 시인은 최진실, 노회찬, 박원순 시장이 자살한 소식을 듣고 충격을 받아 이 시를 썼다고 한다. 김율도 시인도 오래 전에 자살 충동이 일어나 유서를 100장을 쓰고 죽으려고 했다고 한다. 그러나 100장을 쓰기 직전에 생각이 바뀌어 자살하지 않았다고 한다. 글쓰기를 통해 치유를 한 것이다.

김율도 시인은 죽고싶다면 100명의 사람을 만나보라고 권한다. 만나서 죽음에 대해 이야기하고 죽음에 대해 어떻게 생각하는지 물어보라고 한다. 죽음에 대해서는 신중하라는 의미이리라.

학교에서는 영어, 수학을 배우느라 삶과 죽음에 대해 가르치지 않는다. 무슨 직업을 가져야 하는지만 가르치지 말고 왜 죽어야 하는지, 어떻게 죽어야 하는지 가르치면 어떻게 살아야 하는지 답이 보인다.

죽음을 찬양하는 것은 아니지만 죽음도 잘 죽으면 가치 있는 죽

음이 될 수 있다. 남을 위해 장기를 기증하며 죽는 죽음, 사회 변혁을 외치면 죽는 숭고한 죽음.

자살의 종류도 많지만 남을 따라서 죽는 값어치 없는 죽음, 무의미한 죽음을 멈추려면 무분별한 추종은 삼가야 한다.

영화 이야기- 글루미 선데이

Gloomy Sunday, 1999 감독:Rolf Schubel
제작 : 퀄른 돔 필름, 부다페스트 포커스 필름
수입 : 그린나래미디어(주)   배급사 : (주) 팝엔터테인먼트

'글루미 선데이'란 영화가 있다. 헝가리 작곡가 레조 세레스가 1933년에 '우울한 일요일'란 곡을 발표, 후에 라졸라 자보가 가사를 붙였다. 그당시 노래를 듣고 자살하는 사람이 187명이나 되었고 작곡가 또한 자살했다.

사건에 영감을 얻은 바르코프가 '우울한 일요일의 노래'의 소설을 발표한 후 내용을 모티브로 탄생한 영화다. '글루미 선데이' 영화 속 배경은 헝가리 부다페스트다. 정 많고 수완 좋은 라즐로 자보는 유태인으로 연인 일로나와 함께 작은 레스토랑을 운영한다. 새로 취직하게 된 피아니스트 안드라스가 일로나에게 반하면서 자신이 작곡한 '글루미 선데이'라는 곡을 선물한다.

포기할 수 없었던 자보는 두 사람을 동시 사랑한다는 일로나의 마음을 받아들이기로 한다. 자보의 도움으로 안드라스는 음반을 내고 인기를 끌지만 자살 사건과 연관되어 괴롭다.

노래 가사 말이 자살을 암시하는 듯하다.

"우울한 일요일 / 어둠만이 내게 함께 하네 / 내 마음과 나는 이제 / 모든 것을 끝내리라 마음 먹었네."

인간의 존엄성이 무너져 버리면 누구라도 사는 것에 대해 괴로움을 느낄 것이다. 그렇다고 극단적으로 자신의 생명을 버리는 행동은 너무나 어리석은 행동이라는 것을 명심해야 한다.

Tip 베르테르 증후군 관련 자료

● 영화 : 로미오와 줄리엣(2014) / 글루미 선데이(2016)
● 책 : 우리는 왜 억울한가 (유영근) / 나는 나를 파괴할 권리가 있다
   (김영하) / 심리부검(서종한)

현실로 나가기가 두려워 : **모라토리엄 증후군**

– 대나무의 마디는 더 높이 자라기 위해 있다

세상으로 나가기가 두려운 수민 씨

20대 후반의 수민 씨는 사회에 나가는 것이 두렵다. 대학 졸업 후 6개월 째 취업이 되지 않아 집에서의 생활이 이제는 익숙하다. 시간이 갈수록 취업보다는 대학원 진학을 생각하고 있었다.

공부를 더 하면서 시간을 벌고 싶기도 했고 막상 회사에 취업하는 것도 썩 내키지 않았다. 수민 씨의 생각에 대해 부모님은 공부를 더 하고 싶다면 대학원에 보내줄 마음이 있었다. 수민 씨는 대학원을 가는 것이 맞는지 취업을 해야하는 건지 여러 가지로 걱정이다.

그녀는 사람들과 어울리는 것을 그다지 좋아하지 않았다. 자신이 무엇을 해야 할지도 몰랐고 혼란스러웠다. 대학에서는 응용통계를 전공했는데 그냥 성적에 맞춰 들어갔단다. 전공을 딱히 살릴만한 것도 없다보니 대학원 무슨 과에 진학해야 하는지 모르겠다.

집에서 잘 나가지도 않고 스마트폰만 보고 있는 딸이 걱정되었는지 어머니가 한번 가보라고 해서 상담을 오게 되었다.

모라토리엄 증후군이란?

모라토리엄(Moratorium)은 채무에 대해 지급기한을 지킬 수 없는 상황이거나 그런 형편일 경우 지불 유예를 선언하는 것을 경제용어. 라틴어로 '지체하다'의 뜻을 지니고 있다.

독립된 사회인으로 활동할 수 있음에도 불구하고 책무를 기피하는 것을 **'모라토리엄 증후군(Moratorium syndrome)'**라 부른다.

모든 일에 방관자적인 입장으로 어디에도 소속감을 느끼지 못한다. 어른이 되도 정신적으로 성인사회의 참여를 스스로 거부하거나 참여할 수 있는 능력이 부족한 상태다.

자신의 가능성을 발휘할 능력을 지니고 있지만 사회에 대해 어떤 집단에 대해서도 귀속의식이 희박하다. 사회적 자아정체성이 약하기에 '지금의 나는 진짜 내가 아니다. 나는 지금 현재 이런 상황에 있지만 이것은 내가 아니라 진짜 나는 다른 곳에 있다.'고 믿는다.

자신이 속한 사회에 방관자적으로 머물려고만 하기에 이상만 추구하는 파랑새 증후군의 증상과도 일맥상통한다.

일본 게이오대학 오코노키 교수가 〈모라토리엄 인간의 시대〉라는 책에서 소개하면서 유명해진 말이다. 모라토리엄 인간은 부모에게 납세나 생계의 의무를 의탁하고 독립하지 않으려 한다. 일본은 패러사이트(Parasite, 기생충족), 중국에서는 부모를 등쳐먹는다는 컨라오족, 휴학이나 일부러 F학점을 맞아 사회진출을 미루거나 편.입학을 거듭해 몸값을 올리려는 에스컬레이터 족 등 모라토리엄 신조어들이다.

어느 경제학자는 사람들이 감당할 수 있을 만큼 경제적 불평등을 완화하는 것도 필요하다며 꼬집어 말하기도 했다.

치유 일기

　우선 왜 망설이는지 그 이유를 찾아야 한다. 사회가 두려운 것인지, 자신의 정체성을 못 찾은 것인지, 무엇을 하고싶은지 모르는 것인지, 그 이유를 찾아 그것을 먼저 해결하면 된다.

　수민 씨에게 진짜로 하고 싶은 것이 있는지 물었다. 특별히 생각해본 적은 없단다. 그녀의 적성과 진로에 관련된 것들을 점검했다. 어떤 직업이 본인의 성격과 맞는지 그리고 지금 전공과도 연관성이 있는지 천천히 살펴보기로 했다.

　그녀는 자신이 동물을 좋아한다는 것을 알았다. 애견미용, 애견놀이터 취업, 애견 동영상 찍어서 유튜브에 올리기 등 찾아보니 당장 할 일이 많았다. 일단 좋아하는 일을 하면서 방법과 방향을 모색해 보기로 했다.

**　대나무에 마디가 있는 이유는 쓰러지지 않고 더 높이 자라기 위해서다. 모라토리엄 시기를 대나무의 마디를 만드는 시기라고 생각하고 튼튼한 마디를 만드는 것이 중요하므로 잘 거쳐 나가면 꺾어지지 않고 높이 자랄 것이다.**

　이런 모라토리움 시기는 생의 큰 고비에 한 번씩 온다. 이것을 환절기라 부르고 싶다. 계절이 바뀌는 시기에는 감기에 조심해야 하고 잠시 쉬었다 가면 된다. 10대에서 성인이 되는 시기에 한 번 오고, 사회에 나가는 시기에, 미혼이

끝나는 시기에, 권태기에, 자녀들이 다 크면 오고, 노년으로 접어들어 갈 때 한 번 온다. 이 때는 조급해 하지 말고 조금 여유를 갖고 심호흡을 한 후에 다시 출발하면 된다.

영화 이야기- 모라토리움기의 다마코

Tamako in Moratorium, 2014 감독:Nobuhiro Yamashita
제작 :〈모라토리움기의 다마코〉 제작위원회   수입 배급사 : 오드 AUD

'모라토리움기의 다마코' 영화 속 주인공 다마코는 23살이다. 대학졸업 후 취업하지 못해 고향에서 내려와 아버지와 함께 생활한다.

아버지는 어머니와 이혼 후 스포츠점을 운영하며 균형적인 생활을 하는 반면 다마코는 집안에 틀어박혀 잉여인간으로 살고 있다. 그녀의 생활은 매우 불규칙하고 하루종일 빈둥거리거나 TV를 보는 것이 유일한 행위다.

아버지는 다마코가 걱정되어 취업을 권유하지만 그녀는 그럴 마음이 없다. 사실 사회 초년생이라 이력서에는 자랑할 만한 스펙도 없다. 어느 날 다마코의 방을 청소하다가 발견한 구겨진 이력서. 그녀의 꿈은 연기자였다. 이제라도 딸의 꿈을 알게 된 아버지는 응원하지만 그녀는 부담스럽고 싫다.

가족은 삶에 있어서 든든한 버팀목이다. 결국 그녀는 아버지의 진심을 알게 된다. 영화는 현실 회피와 위축된 모습으로 사회 안에 속하지 못한 이 시대의 청년들을 다마코를 통해 대변한다.

잉여시기,라고 무의미한 시간이라고 생각하지 말자. 앞으로 계속 가기 위해 이런 시기가 필요하고 이 시기에 평소 발견하지 못한 소중한 것을 발견할 수 있다.

가장 힘든 청년들에게 무엇보다 필요한 건 가정과 부모의 따스한 시선이라는 메시지를 주고 있다. 다마코는 꿈을 이뤘을까? 궁금하다면 영화 보는 것을 권유한다.

Tip 모라토리엄 증후군 관련 자료

- 영화 : 모라토리움기의 다마코(2014)
- 드라마 : 찬란한 유산(2009)
- 책 : 20대는 짧다 거침없이 살아라(김훈태) / 관계의 심리학(이철우)

성인이 되어도 아이로 남고싶어 : **피터 팬 증후군**

– 넘어진 사람은 스스로 일어날 수 있다

철없는 남편으로 힘들었던 민영 씨

민영 씨의 남편은 사회에 잘 적응하지 못했다. 25세에 같은 회사에서 만난 남성과 결혼했다. 그녀는 10년 동안 아이가 생기지 않았고 철이 없는 남편과도 사이가 소원했다. 직장 생활을 하는 동안 남편은 회사와 갈등이 있었고 버는 돈을 거의 다 소비했다.

그녀가 지쳐 남편과 이혼을 하려는 찰나에 임신이 되었고 원하는 아들을 낳았다. 결혼 생활은 그 후로도 원만하지 않았고 외로웠다. 남편은 직장을 그만두었고 백수로 일 년을 보내는 동안은 아예 가정에 관심을 갖지 않았다. 아이 양육은 시부모님 몫이었고 남편은 사업 구상한다고 취업할 생각이 없었다. 민영 씨가 벌어다 주는 돈으로 매일 놀기만 했다.

시부모님을 설득해 남편은 돈을 받아 유흥주점을 시작했다. 1년 만에 가게 문을 닫고 다른 사업을 하겠다는 남편을 말리고 싶었다. 또다시 시부모님이 주신 돈으로 유흥주점을 여대 앞에 오픈했다. 남편의 행동은 어른이 아니라 철없는 10대 소년 같았다. 급기야 20대 어린 친구와 바람을 피우게 되었고 민경 씨는 이혼을 결심했다.

피터 팬 증후군이란?

영국 소설가 제임스 매튜 배리의 소설 '작고 하얀 새'에 영원히 아이로 살고 싶은 피터 팬이 있다. 어른이 되지 않는 판타지 같은 섬 네버랜드가 등장하고 그 곳은 피터 팬만이 찾을 수 있는 공간이다. 섬에 사는 동안만은 시간이 멈춘다.

미국의 임상심리학자 댄 카일리(Dan Kiley)는 주로 어른아이 남성에게 나타나는 사회현상을 '피터 팬 증후군(Peter pan syndrome)'라 이름 붙였다. 성인이 되서도 현실도피와 스스로 어른임을 인정하지 않고 그들 사이에 끼지 못한다. 신체적으로는 어른이 되었지만 책임지고 싶지 않고 자기 의지로 무언가를 결정하지 못한다.

기존에는 타인에게 의존적인 남성 심리를 나타냈지만 최근은 남녀 성 관없이 사용된다.

아이(kid)와 어른(adult)의 합성어인 키덜트(kidult)는 아이와 같은 감성과 취향을 가진 어른을 뜻하는 신조어다. 키덜트와 '어른아이'는 다르다. 키덜트는 어린 시절 가지고 놀았던 추억의 장난감, 만화책, 만화영화 등을 어른이 되어서도 계속 소비하는 현상이다. 편안했던 자신의 어린 시절로 다시 돌아가고 싶어 하는 심리를 반영한다. 적당한 동심은 감성적 소비를 통해 안정감을 찾아 일상적인 성인으로 역할을 잘 이행한다.

부모의 지나친 관심이나 통제를 받으며 성장하는 경우 스스로 무언가를 결정하고 책임지는 경험이 부족하다. 성인이 되어서도 사회생활에 적응하지 못해 부모에게 모든 것을 의존하게 된다. 사회생활에 대한 공포감은 아예 어른이 되기를 거부하는 심리로 작용하게 된다.

'어른아이'는 지나치게 타인 의존적으로 자신만의 세계에 고립되어 빠져나오지 못한다.

치유 일기

피터 팬 증후군은 퇴행이라는 방어기제가 나타나는 것이므로 이를 인지시키고 적절히 대처해야 한다. 어렸을 때부터 아이의 심부름을 엄마가 다 해 주었을 경우, 성인이 되어서도 물 떠오라고 하고, 교통카드도 대신 충전하라고 하고 모든 것을 부모가 대신한다. 민영 씨의 남편이 그랬다. 부모가 의존하는 아이로 만들었기에 독립의 주요성을 가르쳐야 한다.

더 이상 회피하지 않는 어른이 되기 위해서는 환경을 바꿔보면 된다. 예를 들면 스스로 여행 계획을 세우고 펜션에 놀러 갔다면 스스로 장도 보고 밥도 하고 스케줄도 짜게 한다.

부부라면 잠시 떨어져 있으면서 혼자 집안 일을 하면서 자립심을 기르고 책임감을 느껴보도록 하는 것이다.

응석을 부리는 '어른 아이'가 나올 때마다 받아주지 말고 외면하라. 사업이 망했다면 도와주지 말고 스스로 일어나도록 지켜보며 도움을 주더라도 절제하며 도움을 줘야 한다.

피카소의 천재성은 어린아이처럼 그림을 그린 데서 왔다. 하지만 일상생활도 어린아이처럼 하지 않았다. 피카소는 아이들의 무한한 상상력을 선택한 것이지 현실까지 아이처럼 응석부린 것은 아니다. 오히려 현실과 상상을 잘 구분하여 부와 명예를 얻었다.

민영 씨의 남편도 자신의 성향을 알고 있었다. 마음속에 자라지 않은 '내면아이'를 꺼내 어른으로 성장을 위한 글을 쓰거나 이야기를 하면서 정면으로 문제를 마주보기로 했다. 조금씩 좋아지는 모습을 일기로 쓰고 같이 대화하며 상담받기로 했다.

영화 이야기- 투명인간 그리프

Griff the invisible, 2010 감독:Leon Ford
제작 : Belinda Mravicic (라인프로듀서) 수입 배급사:CGV 뮤비 콜라쥬

영화 '투명인간 그리프'는 낮에는 평범한 직장인, 밤에는 정의의 슈퍼히어로가 되는 주인공이 등장한다. 28세 청년 그리프는 회사에 적응을 잘 못하고 인간관계가 서투르다.

그에게는 비밀이 있는데 밤이 되면 거리를 지키는 슈퍼히어로가 된다. 주변 사람들은 그를 이상한 사람으로 취급하거나 한심해하기도 한다. 판타지적 요소를 가진 영화는 낮과 밤이 전혀 다른 그리프의 삶을 통해 어디에서도 적응하지 못하는 '어른아이'의 모습을 대변하는 것 같다.

형의 여자 친구인 멜로디는 연구와 관찰이 취미다. 벽을 통과하는 연구에 빠져있는 그녀는 투명인간이 되고픈 그리프를 도와 옷을 만들기 시작한다. 서로 통하는 두 사람은 사랑에 빠진다. 투명인간이 되고 싶어 하는 그리프는 보편적인 어른으로 살기를 거부한다. 그 앞에 나타난 연인 멜로디는 세상을 같이 보아주는 유일한 사람이다.

그리프의 모습에서 엉뚱하지만 순수함이 느껴지기도 한다. 세상 속에서 자신을 지우려는 모습. 하지만 멜로디를 만나면서 그들만의 사랑과 행복을 찾는 가슴 따뜻한 영화다. 사회 속에서 어울려 살아갈 수 없다면 자신만의 세계에 고립될 수밖에 없다. 영화에서처럼 자신만을 믿어주는 멜로디 같은 연인이 나타나지 않는 한 말이다.

Tip 피터 팬 증후군 관련 자료

- 영화 : 팬(2015) / 19곰 테드(2015) / 그리프 더 비저블(2011) / 수면의 과학(2006) / 투명인간 그리프(2010)
- 책 : 피터팬 신드롬(오재현) / 어른으로 산다는 것(김혜남)

현실에 결코 만족하지 못해 : **파랑새 증후군**

- 문제를 지니고 살면 해답은 스스로 온다

늘 부모님의 보호 속에서 살았던 준우 씨

20대 준우 씨는 어릴 때부터 스스로 했던 것은 하나도 없었다. 부모님 모두 대학원 행정실에 근무하는 터라 아들의 대학 선택, 학과, 입학, 수강신청 등 모든 것을 어머니가 알아서 정했다. 외아들이다 보니 유독 더 관심이 과했던 것 같다.

어머니는 유치원 때부터 준우 씨를 위해 운전기사를 자처하였다. 그는 버스나 지하철을 타보았던 기억이 전혀 없다. 의무경찰로 군입대조차도 어머니가 해주었다. 입대 후 부대원들과 관계가 원만하지 못했고 자꾸 갈등이 생겼다. 아웃사이더처럼 혼자서만 단독 행동을 하니 군대에서는 좋게 보일리가 없었다. 관심병사로 분류되었고 매사 대원들과 사사건건 부딪혀 군대 내에서는 골칫거리였다.

막연한 이상을 꿈꾸고 있었다. 잘 나가는 게임 프로그래머가 꿈이라는 이야기를 반복적으로 했다. 부모님이 그 길을 만들어 줄 것이라는 생각은 당연했고 실질적으로 게임 프로그래머가 되기 위해 노력한 것은 하나도 없었다. 대학교 학과도 연관이 없었으며 그냥 게임 중독이었다.

파랑새 증후군이란?

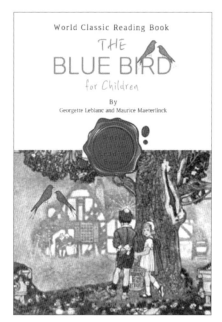

'파랑새' 영문판 표지 (2018)
모리스 마테를링크 지음 (부크크)

어렸을 때 누구나 한번 쯤 읽어봤을 동화책 〈파랑새〉는 벨기에 극작가 마테를링크의 동화책이다. 주인공 틸틸과 미틸 남매의 꿈에 요술 할머니가 나타난다.

아픈 딸을 위해 파랑새를 찾아달라고 아이들에게 부탁한다. 꿈속에서 여러 곳을 돌아다니며 파랑새를 찾아다니지만 결국 못 찾는다. 잠에서 깨어난 후 거실에 있는 파랑새를 보게 된다.

내가 추구하는 것은 가까운 곳에 있다는 것을 깨닫게 된다.

파랑새 이야기에서 유래된 '**파랑새 증후군**(bluebird syndrome)'은 현실에 만족하지 못하고 이상만을 추구하는 사람들을 말한다.

프랑스 작가 귀스타브 플로베르의 소설 〈마담 보바리〉의 주인공 엠마는 따분한 남편과 평범하고 지루한 전원생활에 권태를 느낀다. 늘 다른 것들을 꿈꾸며 현재 자신의 모습에 만족할 수 없다. 막연히 미래는 좋을 것이라는 환상을 좇는다. 엠마는 불륜과 무질서한 생활로 모든 가산을 탕진한 채 살다가 남은 생을 자살로 끝낸다.

프랑스 철학자 고티에는 소설 엠마의 성격을 통해 보바리즘〈bovarysme〉이라는 용어를 만든다. 소설 속 엠마는 현실의 모습을 만족하지 못하고 늘 이상을 꿈꾼다. 괴리감이 클수록 좌절하거나 극단적인 행동으로 간다.

치유 일기

준우 씨에게 자신의 인생을 4컷 만화로 그려보라고 했다. 인생 속에는 프로게이머로 성공한 자신을 그렸다. 성공하기 위해 무엇이 필요한지에 대해서는 생각해본 적 없다. 단지 엄마가 알아서 해줄 것이다.

준우 씨는 엄마 지인 중에 게임회사에 다니는 사람이 있어 군대 제대 후 취직을 시켜 줄 것이라고 말한다. 아무 노력도 없이 그저 엄마가 만들어 놓은 삶 속에서 사는 것이다. 어린아이처럼 행동하는 그가 남은 군대생활이라도 잘 적응할 수 있도록 해야 할 것 같았다.

대부분 사람들은 파랑새 증후군을 조금씩 가지고 있다. 어느 조사에 의하면 직장인의 60% 정도가 파랑새 증후군을 겪고 있다고 한다. 현실이 너무 암담하고 '헬조선'이라는 신조어처럼 여러 사회 문제, 지구촌에서 벌어지는 환경문제, 테러, 불평등 때문이라는 것은 이해가 간다.

그럼 내가 그것을 해결하려고 해보자. 환경운동을 하든지, 불평등을 개선하려는 여러 가지를 하는 것이다. 그 문제를 위해 사는 것이다.

문제를 지닌 채 현재를 살아라. 그러면 나도 모르게 어느 먼 훗날, 대답을 지니고 사는 날이 올 것이다.

- 라이너 마리아 릴케

중요한 것은 현실 가능한 상상을 통해 더 발전되고 변화되면서 건설적으로 나아갈 수 있는지가 관건이다.

　당신은 파랑새 증후군인가?

　인생은 '한 방'이라며 현재 하는 일은 소홀히 하고 허황된 꿈을 꾸고 있는가? 드라마의 비현실적 내용이 현실과 같은 느낌이 들어 가능하다고 생각하는가? 현재가 하찮고 로또에 거액을 쓰거나 주식으로 대박날 거라고 생각하면서 대책없는 미래를 꿈꾸는가?

　그렇다면 당신은 파랑새 증후군이다.

인간이 겪는 고통의 대부분은 불필요한 것들입니다. 분주히 움직이는 마음을 지켜보지 않는 한 고통은 저절로 만들어집니다. 지금 이 순간에 고통을 만들어 내는 것은 있는 그대로 받아들이지 않기 때문이거나 있는 그대로에 대한 무의식적인 저항이 나타난 것입니다.

- 지금 이 순간을 살아라(에르하르크 툴레) 중에서

　현재에 만족감을 찾아 행복을 얻는 것이 미래에 자신이 꿈꾸는 세상으로 가는 길을 만들어 준다.

　그렇다고 전혀 꿈꾸지 말고 현실에 안주하라는 말은 아니다. 작은 성공을 해보고 그것을 칭찬하고 의미를 크게 두어 계속 할 수 있는 모티브를 만들어 주어야 한다.

　자신이 잘해서 칭찬받은 기억을 떠올려 보자. 유치원 때 받은 상장이라도 펼쳐보고 자신감과 가능성을 찾아보자. 당신은 충분히 그 문제를 해결할 수 있는 사람이다.

영화 이야기- 월터의 상상은 현실이 된다

　영화 '월터의 상상은 현실이 된다'에 등장하는 월터 미티는 라이프에서 사진 현상하는 일을 한다. 사진작가는 아니고 그저 필름을 현상만 할 뿐이다. 그는 현실에서 하지 못하는 일을 상상하며 보내는데 직장상사와 싸우거나 좋아하는 여자에게 고백하는 모습이다.

The Secret Life of Walter Mitty, 2013 감독:Ben Stiller
제작 : 20th Cenfury Fox Film Corporation
수입 : (주)유니콘텐츠, 레드 아이스   배급사 : 글뫼(주)

그러던 그에게 사건이 발생한다. 라이프지의 폐간을 앞두고 마지막 호에 실릴 메인 필름을 잃어버린다. 유명한 다큐멘터리 작가 숀펜에게서 사진을 확보하라는 지시를 받고 그를 찾아 나서면서 상상이 아닌 진짜로 여행을 하게 된다. 아이슬란드에서 한 겨울 바다 한가운데 뛰어들어 상어와 싸우기도 하면서 우여곡절 끝에 마지막 호를 무사히 끝낸다.

중요한 것은 현실에 안주하며 상상으로 버텨왔던 그는 이제 상상하지 않는다. 상상만으로 끝나는 것이 아니라 행동으로 옮기고 직접 경험하면서 자신의 프로필을 늘려간다.

> "인생은 끊임없이 용기내면서 개척하는 거예요"

월터의 영화 속 대사다.

삶에 있어서 목표한 것이 결국 상상으로 끝나버릴 것인가 개척해서 내 인생을 일궈낼 것인가의 차이다. 어떠한 행동과 노력도 없이 실현 불가능한 꿈만 갖는 것은 삶을 피폐하게 만든다. 노동의 대가없이 복권당첨이나 일확천금의 꿈을 꾸는 것과 마찬가지다. 헛된 희망이나 이상을 쫓기보다는 현실에 충실하고 스스로 의지로 개척해 나가자.

Tip 파랑새 증후군 관련 자료

- 영화 : 월터의 상상은 현실이 된다(2013) / 마담 보바리(2015)
- 드라마 ; 미생(tvN, 2014)
- 책 : 지금 이 순간을 살아라(에크하르트 툴레)

결정하는 것이 힘들어 : **햄릿 증후군 (결정 지연)**

– 선택은 게임처럼 가볍게하고 후회하지 않기

자신의 선택을 믿지 못하는 지수 씨

상담받으러 오는 사람들 중에는 결정에 대해 고민을 하는 경우가 많다. "제가 직장을 바꿔야 할까요? 말까요?"부터 시작하여 "우리 아이 학원을 보내야 하는지요?" 등 다양한 것들에 대한 해결책을 원한다. 모두 자신에 대한 확신이 없고 믿음이 부족하다.

자존감이 낮아 자신이 선택한 것을 믿지 못하고 후회하는 사람들이다. 타인에게 의존하면서 책임을 회피하고 싶어 하는 마음이 컸다. 지수씨도 그 중 한 분이다. 그녀는 의존적이고 아이 양육에 있어서 결정을 쉽게 내리지 못한다. 주변 사람들에게 묻는 것이 습관화되어 있었다. 대부분 의존적인 사람들은 주체적으로 결정하지 못한다. 어린 시절 부모가 모든 것을 대신해 주었거나 스스로 결정내려 본적이 없다.

아이의 공부, 학원을 보내는 것, 아이가 잘못했을 때 훈육 방법, 게임을 하는 시간을 조절시키는 등 소소한 것부터 훈육하고 교육해야 하는 것까지 자신의 판단이 틀릴까봐 걱정스럽다. 남편이 관심을 가져주면 좋겠지만 의존적인 아내가 귀찮다.

햄릿 증후군이란?

셰익스피어의 4대 비극 중 하나인 〈햄릿〉의 주인공은 선택의 순간에서 "사느냐 죽느냐 그것이 문제로다"는 대사를 남긴다. 쉽게 결정을 내리지 못하고 고민할 때 자주 인용해서 쓰는 말이다.

선택의 순간에 쉽게 결단을 내리지 못하는 현대인을 빗대어 표현한 신조어를 '**햄릿 증후군**(Hamlet syndrome, Can't make up my mind)'이라 한다. 심리학 용어로는 선택 장애, 결정 장애, 감수성 장애라 부른다. 선택의 기회가 셀 수 없이 많아진 현대사회에 새로운 정신적인 문제로 나타나고 있다.

프랑스 철학자 장 폴 샤르트르(Jean paul sartre)는 "인생은 B와 D 사이의 C이다"고 말했다. 우리의 삶은 birth(탄생)과 죽음(death) 사이에서 매 순간 선택(choice)할 수 밖에 없다.

B와 D사이의 C는 비단 선택(Choice)만 있는 것이 아니라 기회(Chance)도 있지만 간과하기에 두렵기만 하다.

다양한 정보의 범람은 생각이 많아져 선택을 방해하고 행동화할 수 없도록 하는 '분석의 마비현상(Paralysis of analysis)'에 빠지게 한다. 많은 정보와 기회는 결정을 내리고 싶지 않고 어떻게 내려야 하는지도 몰라 자꾸 선택해야 할 것들을 미루게 된다. 심리학에서는 선택하지 못하는 것을 '지연행동(procrastination)'라 부른다.

이러한 현상을 활용하여 나타난 직업이 큐레이션(Curation)이다. 선택의 어려움을 겪는 사람들에게 쇼핑부터 배달까지 해결해주는 맞춤추천서비스다. 큐레이터(curator)에서 파생되었고 유통, 패션, 도서, 콘텐츠 등 다양한 분야에 도입되고 있다.

치유 일기

대다수의 증후군도 마찬가지지만 결정장애라고 불리우는 증후군은 장애는 아니다. 선택할 것이 많아지면 자연스럽게 나타나는 현상이다. 이렇게 마음 가볍게 생각하는 것이 중요하다.

식당에 가서 20가지가 넘는 메뉴를 쉽게 고를 수 있는 사람은 누구인가? 직장을 바꾸는 중대한 문제를 쉽게 결정할 수 있는 사람은 누구인가? 오히려 이런 경우는 너무 쉽게 결정하는 것이 이상하다.

그럼에도 불구하고 지수 씨처럼 심할 경우 스스로 결정할 수 있는 훈련과 자신을 믿는 마음이 필요했다. 스스로 결정한 것이 하나라도 있었는지 적어보았다. 아주 소소한 것이라도 좋다.

머릿속에 생각이 머무르기보다 그 생각을 밖으로 끄집어내 시각적으로 보여주기를 반복했다. 그녀에게는 결정 후 어떤 방식으로 문제 해결을 해야 하는지 배워가는 과정이 필요했다.

선택과 결정을 못하는 이유는 완벽한 삶에 대한 강박이 작용하기 때문이다. 실패를 통해서 경험을 얻는다. 미국 실리콘밸리에서 벤처 투자 결정을 할 때 실패를 많이 해 본 사람에게 한다. 한 번 실패했다고 끝이 아니라 다시 할 수 있는 기회가 얼마든지 있으니 실패에 두려워하지 말자.

현실적으로 부담 없이 선택하는 연습을 하려면 관련 게임을 해보는 것이 좋다. 전통적인 윷놀이부터 바둑, 장기, 체스, 블루마블. 이런 것들을 하다보면 선택이 어려운 일이 아님을 알 수 있다. 게임이므로 지더라도 다시 할 수 있으니 부담 없이 선택을 연습할 수 있다. 인생도 게임처럼 실패하면 다시 할 수 있다는 가벼운 마음으로 살면 신념이 생기고 점차 선택 장애가 치유될 수 있다.

실생활에서도 선택을 해야 하는 일이 많은데 작은 것부터 직접 해보도록 하자. 식당에서 메뉴 선택, 마트에서 제품의 브랜드 선택, 오늘은 무슨 옷을 입을까 옷 선택 등등.

또한 결정을 잘 못하는 이유는 걱정이 많기 때문이다. 걱정리스트를 만들어 화형식을 하자. 햄릿형 인간의 반대형 돈키호테형 인간은 무모해도 용기 있는 행동으로 나아간다. 저마다의 장. 단점이 있기에 우리는 이 두 가지 유형의 인간을 적절하게 적용하여 조화와 균형을 이뤄야 한다.

우유부단함에서 벗어나기 위한 자기 결정력은 무수한 선택을 경험해야 하는 과정 속에서 훈련되어진다.

선택할 때는 남의 눈치 보지 말고 무엇을 선택하든 마음이 끌리는대로 선택하라. 마음 깊은 곳에서 시키는 것을 선택하라. 그 실패와 성공 경험이 쌓일수록 세련되고 훌륭한 선택을 하게 될 것이다.

예를 들면 배우자를 선택할 때 부모나 남이 좋아할만한 배우자보다는 자신이 좋아하는 배우자를 선택해야 후회하지 않는다.

그래도 후회하는 경우가 생기는데 어차피 후회하는 사람은 다른 사람을 선택했더라도 후회한다. 왜냐하면 결혼하기 전에는 같이 살지 않아서 좋은 점만 보일 수 밖에 없기 때문이다. 결혼제도는 그런 맹점이 있다. 이 점을 알고 내가 선택한 것은 내 책임이라고 생각하고 선택의 책임을 자신이 지면 된다.

배우자가 변했다고 하는데 배우자가 변한 것이 아니다. 단지 몰랐던 부분을 안 것 뿐이다.

영화 이야기 - 미스터 노바디

영화 '미스터 노바디'는 니모 노바디의 삶에 대한 이야기다. 니모는 태어나기 전 천사의 실수로 과거와 미래를 모두 기억하게 된다. 2092년 죽음을 앞둔 118살의 니모는 기자와 인터뷰 속에서 과거를 회상한다. 9살 때 처음 부모의 이혼으로 선택의 기로에 놓이면서 자신의 선택에 따라 각기 다른 삶(영화 속에서는 9가지의 삶으로 표현)을 보여준다.

어머니를 선택한 니모는 새아버지의 딸 안나와 사랑에 빠지며 어른들의 반대에 부딪힌다. 아버지를 선택한 니모는 앨리스와 진을 만나면서 첫사랑의 아픔을 겪기도 한다. 안나와의 삶은 수영장 관리인, 앨리스와는 다큐멘터리 진행자의 삶, 진과 결혼해서 성공한 사업가 등 각기 다른 인생을 보여준다. 니모는 어떤 선택이 옳은 것인지 늘 판단하지 못하지만 옳은 선택이 있을까. 진정한 삶에 대해 답을 찾는 영화다.

노바디는 '존재하지 않는 사람이라는 뜻'이다. 우리가 매 순간 소중한 사람이라 느끼고 존재한다면 선택에 옳고 그름은 그다지 중요하지 않다. 인생은 늘 변화무쌍하며 예측 불가능하다. 선택의 순간 미래를 점쳐 보긴 하겠지만 완전히 장담할 수는 없다. 내가 항상 원하는 방향으로만 흘러가는 것이 아니니 선택에 대해 후회하지 말라는 메시지를 준다. 인생에 정답은 없다.

만약 내가 다른 선택을 했다면 지금 나의 인생이 달라졌겠지? 아니다. 그 상황으로 다시 돌아간다 해도 우리는 똑같은 선택을 한다. 그게 최선이었기 때문이다.

Mr, Nobody, 2009 감독:Jaco Van Pormael 제작 : Philippe Godeau
수입 : (주)더블앤조이픽쳐스 배급사 : (주)팝 엔터테인먼트

Tip 햄릿 증후군 관련 자료

- 영화 : 관상(2013) / 미스터 노바디(2013) / 슬라이딩 도어즈(1998)
- 드라마 : 질투의 화신(SBS, 2016)
- 책 : 마음의 역설(이재진) / 결정 장애 세대(올리버 예게스) / 결정이
  두려운 나에게(안렐름 그륀)

3장. 늘 치열한 나
스트레스 증후군

사람마다 스트레스 거름망의 차이가 있으며 같은 강도여도 각자 다르게 느낀다. '회복 탄력성(Resilience)'이라 부르는데 역경에서도 다시 일어나려는 정신적인 저항력이다. 회복 탄력성이 높은 사람들은 긍정적인 인식을 통해 삶의 만족도가 높다. 환경이 아무리 어려워도 긍정적인 요소가 하나도 없는 사람은 없다. 신뢰하는 1%의 가능성을 가지고 바닥을 딛고 일어서려는 것이 회복 탄력성의 본질이다. '행복의 자동온도 조절장치'라는 말이 있다. 인생에서 일어나는 모든 일들은 일시적으로 우리를 행복하거나 불행하게 만들 뿐이다. 일정한 시간이 지나면 자신의 본래 행복 수준으로 되돌아오는 강한 탄력성을 가지고 있다.

여름철 장맛비가 내리고 엄청난 태풍이 몰려왔을 때 큰 나무가 속수무책으로 부러지거나 뿌리째 뽑히기는 광경을 생각해보자. 끄떡없을 것 같이 생각했던 오래된 나무들도 허무하게 꺾인다. 그런데 여기 거센 비바람이 불어도 끄떡없는 나무가 있다. 바로 길게 쭉 뻗어 볼품없이 키만 큰 대나무다. 전문가들은 대나무는 거센 바람이 와도 휘어질 수는 있으나 절대 뽑히지는 않는데 이유는 마디가 완충작용을 해주기 때문이란다. 대나무의 마디는 우리에게는 회복탄력성과 같은 존재다.

일 안하면 불안해 : **과잉적응 증후군 (일중독)**

- 두려움을 잊는 방법은 일 외에도 많다

성공과 성취감에 목마른 은영 씨

패션 회사에 다니는 그녀는 가정과 육아보다는 회사 일이 우선이었다. 지민이 어머니라는 호칭보다 한과장이 더 익숙했다. 한창 회사에서 실력을 인정받아 승진 준비를 해야 하는 상황에 아이가 생겨 난처했다. 그녀는 출산 직후 한 달 만에 다시 회사로 복귀한다.

항상 늦은 시간 귀가하였고 후배들이 먼저 자신의 자리를 차지할까 두려웠고 자신이 아니면 일 처리 할 사람이 없다며 불안했다.

남편과의 관계도 소원했지만 별로 개의치 않았다. 그녀가 엄마로서 역할 미달은 사실이다. 가정형편이 어려웠던 그녀는 패션에 대한 꿈을 버릴 수 없었다. 정말 힘들게 닥치는 대로 아르바이트와 일을 하면서 학원비를 마련했다. 나름 알아준다는 대학에 패션디자인과에 들어간 그녀는 장학금을 받을 정도로 유망했다.

대학 졸업 후 패션 회사에 취업하면서 성공만이 목표였다. 남편을 만나게 되면서 결혼 또한 쉽게 결정한 일이 아니었다. 그녀의 꿈은 패션디자이너로 성공하는 것이었다.

과잉 적응 증후군이란?

일과 생활에는 적당한 균형이 필요하지만 '**과잉적응 증후군**(hyper ad aptation syndrome)'은 균형이 깨져 하나에 집착한다. 쉽게 말해 일 중독(workaholic)이다.

미국의 경제학자 W.오츠는 일 중독을 일종의 병으로 보았고 의학적 정식명칭은 '에르고마니아(Ergomania)'로 일에 몹시 열중하는 사람에 가깝다. 일을 진짜로 즐기는 것이 아니라 단지 일을 해야 한다는 강박감을 가진 상태를 뜻한다.

일중독 사람들은 쉬는 날에도 일부러 일을 만든다. 사회생활의 적응 자체가 수단으로가 아닌 목적이 되어버렸기 때문이다.

일하지 않으면 불안하고 외로움을 느낀다. 자신의 가치가 떨어진다고 생각하기에 더욱더 일에 몰두하거나 집착한다. 일 중독증에 빠지는 사람들 대부분 내가 아니면 이 일을 할 수 없다는 사고에 사로잡혀 있다.

일중독이 심할수록 강박 장애, 불안장애, 가까운 가족, 지인들에게서 멀어지고 사람들에게도 소외될 수밖에 없다.

일중독자의 종류로는 다음 4가지가 있다.

---

① 밤낮을 가리지 않고 강박감에 사로잡혀 일에만 매달리는 계속형.

② 일을 조절하지 못하고 자꾸 미루다가 다급해질 때 몰아서 하는 폭식형.

③ 쉽게 싫증 내고 끊임없이 자극을 추구하는 주의력 결핍형.

④ 일을 음미하며 가급적 많은 일을 만들어 오래 일하는 감상형.

치유 일기

그녀는 가난이 대물림되는 것이 싫었다. 성공하는 것만이 경제적으로 여유로울 수 있다는 생각이 지배적이었다. 은영 씨의 열등감은 가난이었다. 마음속 지하 창고에 담겨있는 마주하기 싫은 감정. 남보다 자신이 못하다고 인식할 때 열등감을 경험하며 상대적이다.

일을 성실히 하고 열심히 하는 것은 좋은 것이다. 하지만 극단으로 치달아 내가 책임져야 할 자녀에게 피해를 준다면 다시 생각해봐야 한다.

개인적인 콤플렉스 때문에 책임을 소홀히 한다면 이기주의자라는 비난을 들어야 한다.

은영 씨는 스스로 강박 속에 갇혀 지민이가 얼마나 힘들어하고 슬퍼하는지가 보이지 않았다. 일이나 성취보다 아이가 정서적으로 방치되어 고립된 상태로 자랄 수 있다는 것을 그녀는 놓치고 있었다.

지민이가 그린 동물 가족화를 보여주었다.

엄마를 고양이, 아빠는 기린, 할머니는 양, 자신은 토끼로 표현했다. 우아한 고양이 옆에는 토끼가 붙어있지만 다가갈 수 없다. 예민하고 까칠한 엄마지만 아이는 엄마에게 사랑받고 싶다.

그것을 본 은영 씨는 아무 말도 없었고 뭔가 깊은 생각을 했다. 그리고 깨달은 것이 있다는 듯 울먹이며 말했다.

"몰랐어요. 지민이가 이렇게 외로워하고 힘들어했는지..."

직장에서는 어느 정도 성취를 했으니 천천히 가겠다고 했다.

그리고 어릴 적 가난에 대한 콤플렉스도 정면으로 마주보고 새로운 시각을 가져야 했다. 그것을 어떤 방식으로는 표현하고 드러내어 어루만져 주어야 한다.

지민 씨는 청소년기 때 글을 쓰는 문학소녀였다고 한다. 글로 어린 시절의 아픔을 솔직하게 표현해 보자고 했다. 소설이든, 논픽션이든, 일기든 상관없다. 그 주에 쓴 것을 가져와 같이 읽고 이야기를 나누었다.

삶에 있어서 가치의 우선 순위를 다시 한 번 정해보자고 했다. 가치들이 어떤 영향을 나에게 줄 수 있는지 써보았다. 우선순위를 바꾸므로 균형을 맞출 수 있다는 것을 알려주고 싶었다.

돈이 없으면 어떻게 하나, 걱정하며 일에만 매달리다가 건강을 해치는 경우도 많다. 많이 일하는 것과 돈을 많이 버는 것은 비례하지 않는다. 죽어라 일해도 힘들게 사는 사람이 있고 적당히 일해도 효율적으로 하여 돈을 많이 버는 사람이 있다.

그리고 많이 일하고 많이 벌어 많이 쓰는 사람이 있고 조금 일하고 조금 벌어도 안써서 돈이 많은 사람이 있다. 누가 더 영리한 사람일까?

돈과 지위에 대한 걱정이 대부분의 사람들에게서 진정으로 자신이 택할 수 있는 것이 무엇인지 생각하는 능력을 소멸시켜 버렸기 때문이다.

– 일의 기쁨과 슬픔 (알랭 드 보통) 중에서

일에 대한 집착은 두려움을 잊기 위한 자기방어 수단이 되기도 한다. 스스로 가치 있는 존재라는 믿음과 만족감, 내가 가진 두려움에 맞서야 한다.

영화 이야기 – 악마는 프라다를 입는다

The Devil Wears Prada, 2006 감독: David Frankel
제작 : 20세기폭스, 듄 엔터테인먼트
수입 : (주)퍼스트런   배급사 : 20세기 폭스

　영화 '악마는 프라다를 입는다'에는 패션에 대한 열정으로 가득 찬 워커 홀릭 편집장 미란다가 등장한다. 명문대학을 졸업한 앤드리아 삭스는 자신의 꿈인 저널리스트가 되기 위해 뉴욕으로 상경한다.

　여러 군데 이력서를 내지만 답변이 온 것은 세계 최고의 패션 잡지 매거진 '런웨이'에서 미란다 편집장의 두 번째 비서 역할이었다. 사회부 기자를 꿈꾸던 앤드리아는 1년만 버텨보기로 한다.

그녀는 편집장 미란다를 만나 인생의 전환점을 맞이하게 된다. 앤드리아는 패션의 신세계를 맛보며 성취감을 경험해가지만 소중한 것들에 대한 위기를 맞이하게 된다. 앤드리아는 자신이 진정으로 원하는 것이 무엇인지를 찾아가는 것으로 영화는 끝난다.

미란다의 삶에 주목하고 싶었다. 모든 것이 완벽해야 했고 자신의 커리어가 중요한 여인. 실상 미란다의 가정생활은 원만하지 않았다. 일에서는 성공했고 존경받을 만한 사람일지는 몰라도 가정에서는 꽝인 엄마이고 아내다.

회사를 그만 둔 앤드리아를 길거리에 만났을 때 미란다는 인사를 받지 않는다. 차 안에서의 마음에 들 때만 짓는 그녀의 미소의 의미는 삶의 균형을 찾아 나선 앤드리아에게 대리만족을 느껴 흐뭇했던 것은 아닐까 생각해본다.

영화는 내가 가치를 어디에 두느냐에 따라 소중한 것을 잃게 될 수도 있고 지킬 수도 있다는 메시지를 준다.

분명 환경이 수동적으로 통제하게 만드는 부분은 있다. 하지만 삶의 균형을 잡고 결정하는 선택권은 나에게 있다는 것을 잊으면 안 된다.

Tip 과잉적응 증후군 관련자료

- 영화 : 굿모닝 에브리원(2010) / 클릭(2007) / 악마는 프라다를 입는다(2006) / 인턴(2015)
- 드라마 : 원티드(SBS, 2016) / 풍선껌(tvN, 2015)
- 책 : 워커 홀릭(소피킨셀라) / 일 중독 벗어나기(강수돌) / 회사 형 인간(제리코너 외를) / 일의 기쁨과 슬픔(알랑 드 보통)

다 쏟아부어 재가 되었어 : 번 아웃 증후군

- 쉬고 싶다는 무의식의 메시지를 무시하지 말라

인정받는 커리어우먼이 되고 싶었던 미영 씨

미영 씨는 고등학교 졸업 후 원하던 인테리어 회사에 취직했다. 일에 대해서는 누구보다 최선을 다했고 다른 사람에 비해 빠른 업무 속도로 실력을 쌓아 갔다. 일에서만큼은 열정적이었고 승진하기 위해 노력을 아끼지 않았다. 모든 일을 실수 없이 하려고 애썼고 주변에서 일 잘한다는 소리를 듣고 싶었다.

학력을 극복하기 위해 사이버대학에서 열심히 공부하며 남은 시간은 회사 일에 집중했다. 휴가도 반납하고 야근도 마다하지 않고 열심히 일한 결과치고는 세상은 너무나 혹독했다. 그토록 원하던 승진에서 미끄러지는데 실력이 부족해서가 아니라 학력으로 인해 배제되었다.

좌절감을 경험해도 포기하지 않고 승진 시험에 다시 도전했지만 역부족이었다. 회사는 대졸 학력이 아닌 그녀를 승진시켜줄 마음이 없었다. 극도의 스트레스와 무기력이 그녀를 집어삼키고 있었다. 그녀가 의식하지 못하고 회사 일에 몰두하는 사이 심신은 병들어가고 있었다.

번 아웃 증후군이란?

자신의 현재 일에 몰두하지만 일이 끝난 후에도 성취감이나 보람을 느끼지 못한다. '**번 아웃 증후군(Burnout syndrome)**', 탈진 증후군 혹은 연소 증후군으로도 부르며 신체의 연료를 다 태운 것 같은 공허감과 신체적, 정서적 피로감을 경험한다.

번 아웃(Burn out)은 '타버리다, 소진하다'는 뜻으로 **에너지를 다 소진해서 어느 순간 무기력을 느끼는 상태를 일컫는다.** 미국의 정신분석가 프로이덴 버그(Herbert Freudenberger)가 '소진'이라는 용어를 사용한 것에서 유래하였다.

번 아웃에 빠지는 사람들은 자신에 대해 다소 강박적이다. 항상 완벽하고 싶은 행동은 스트레스에 더 쉽게 노출된다. 특히 보편화된 스마트폰사용과 메신저 기능은 퇴근 후에도 끊임없이 발목을 잡는다. 메신저로 업무처리를 하기도 하고 급한 경우 회사에 복귀하는 등의 일의 연장선으로 스트레스를 받기도 한다. 실질적으로 퇴근이 아닌 셈이다.

일의 몰두나 집착 등의 반복된 상황은 불면증이나 과다수면증이 유발될 수 있다. 잠을 못 자니 업무의 능률도 떨어지고 집중하지 못한다.

대부분은 스트레스를 표출하지 못하고 받아들이다가 한계에 부딪힌다. 참다못해 우리의 무의식에서 SOS를 보내는데 '나도 더는 못 버티겠다.' 선언하고 찾은 탈출구가 파업행위다.

극단적으로 치솟는 내면은 '나도 이제 쉬고 싶다' 메시지와 함께 충동적으로 모든 것을 놓아버린다. 기력이 없고 화가 잘 나는 증상이 나타난다면 번아웃 증후군이다.

치유 일기

직업에 애착을 가지고 열정을 쏟아붓는 행동이 잘못된 것은 아니다. 다만 너무 집착한 나머지 자신과 일이 분리되지 못해 힘들다. 일이 없어지면 본인도 사라질 것 같다.

미영 씨는 진정한 즐거움과 자유가 필요했다. 균형 잡힌 삶을 위해서 말이다. 시간을 효율적으로 배분하기 위해 취미활동을 권유했다. 해보고 싶었던 것에 대한 버킷리스트를 작성해 보았다. 아주 소소한 것부터 적고 매달 실천하기로 했다.

미영 씨가 제일 처음 적은 것이 자신을 위한 요리였다. 고등학교 졸업 후 혼자서 자취생활을 하면서 자신을 위해 제대로 된 요리를 해본 적이 없었다고 했다. 늘 인스턴트 음식이나 끼니를 거르기 일쑤였다.

처음에는 요리, 다음은 수영, 그 다음은 해외여행, 그렇게 자신의 일에서 조금씩 거리를 두고 작은 행복을 찾기 위해 노트를 만들어 하나씩 채워 가보기로 했다.

정신분석학자 지그문트 프로이드(Sigmund Freud)는 말했다.
"생각이 엔진이라면 감정은 가솔린이다."
자동차 연료가 바닥이 되면 길에 그대로 멈춰버린다. 잠시 주유소에 들러 기름 넣을 정도의 시간적 여유를 갖도록 하자.

자동차 연료처럼 자신을 움직이거나 멈추게 하는 핵심동력이 인간의 감정이다. 감정이 소진되어 급정거하기 전에 자신의 마음을 들여다보고 잘 다스릴 수 있도록 하는 것이 필요하다.

영화 이야기 - 웰컴 삼바

Samba 2014 감독:Olivier Nakaach, Eric Toledano
수입 : (주)블루미지   배급사 : (주)이수 C&E

　영화 '웰컴, 삼바'의 주인공 앨리스는 잘 나가는 커리어우먼이다. 어느 날 일하다 동료의 머리에 전화를 던지며 스트레스가 폭발하는 사건이 발생한다. 그동안 쌓였던 신체적 피로 등 여러 가지 이유로 병원을 찾은 그녀에게 번 아웃 증후군 진단이 내려진다.

앨리스는 이번 사건을 계기로 잠시 일을 멈춘다. 그리고 치료의 일환으로 불법 거주자들의 거주 허가 신청 작업을 도와주는 자원봉사를 하게 된다.

그곳에서 만난 삼바는 자신과 반대 성향이다. 삼바는 유치소에 감금되고 여권도 뺏기게 되면서 불법체류자가 되었다. 그럼에도 불구하고 마음이 여유롭고 매사 긍정적으로 사는 남성이다.

앨리스는 15년 동안 열심히 일하면서 본인의 마음이 병들어 있다는 것을 느끼지 못했다. 그녀는 불법체류자인 삼바를 만나면서 인생이 변화하게 되는데 새로운 시각과 여유로움을 배우게 된다. 그동안의 상처를 치유 받으며 가벼워진 마음으로 직장에 복귀하게 된다.

나와 다른 사람들을 만나면서 얻어가는 삶의 철학은 마음을 움직이는 동기부여가 된다. 일에 너무 많은 에너지를 쏟아부어 소진된 상태라면 일단은 그 장소를 떠나보는 것을 권유한다. 직장을 그만두지 못하는 상황이라면 취미생활이나 새로운 사람들을 만나 볼 것을 추천한다.

Tip 번 아웃 증후군 관련 자료

- 영화 : 브루스 올마이스(2003) / 아메리칸 뷰티(2000) / 웰컴, 삼바 (2015)
- 드라마 : 미생(tvN, 2014) / 직장의 신(KBS, 2013)
- 책 : 나를 지켜 낸다는 것(팡차오후이) / 피로사회(한병철) / 번 아웃 _다 타버린 몸과 마음이 보내는 구조요청(크리스티나 베른트)

질투를 끊을 수 없어 : 살리에리 증후군

- 질투는 나의 힘

끊임없이 타인과 비교하며 열등하다 느끼는 은숙 씨

은숙 씨는 평범한 주부다. 자신의 삶을 모든 타인과 비교하면서 스스로 초라한 사람으로 만들고 있었다. 언니는 대학을 간 반면 공부에 관심이 없었던 은숙 씨는 고등학교 졸업 후 정수기 회사에 취업했다.

같은 회사에서 만난 남자와 20대 초반 나이에 결혼하여 현재 딸 둘이 있다. 자신의 외모를 가장 많이 닮은 큰아이에게 유독 쌀쌀맞았다.

그녀는 자신의 모든 면이 마음이 들지 않고 다시 태어나고 싶다고 말한다. 주변에 자신과 비슷한 연령의 대상에게 질투를 느끼거나 성공한 여성과 끊임없이 비교하며 자신을 한없이 깎아내리고 있었다. 부모의 부족한 사랑과 성장 과정 속에 끊임없이 언니와 비교당했던 것들이 열등감으로 자리 잡고 있었다. 자신은 나약하고 아무것도 할 수 없는 존재라 말하며 주변 사람들을 부러워만 하고 있었다.

남편은 현재 소독방역 회사에서 근무하고 시간이 일정치 않다. 가끔은 새벽에 나갈 때도 있고 집안일에 대해 그다지 신경 쓰지 않는다. 남편과도 소원하고 언니와도 왕래가 없었으며 친정집도 자주 가지 않는다.

살리에리 증훈군이란?

'살리에리 증후군(Salieri syndrome)'은 천재음악가 볼프강 아마데우스 모차르트(wolfgang Amadeus Mozart)에 극심한 열등감을 느끼는 안토니오 살리에리(Antonio Salieri)의 모습에서 이름을 가져왔다.

살리에리는 모차르트만큼 훌륭한 작곡가지만 항상 자신의 삶을 부정했다. 그는 천재성을 가진 모차르트의 벽을 넘기 위해 스스로 고통스럽게 만들었다. 극단적인 2인자의 심리 상태를 이르는 용어로 '열등 콤플렉스(Inferiority complex)'를 나타낸다.

'상대적 박탈감'이라는 말이 있다. 타인과 자신을 비교하면서 갖는 심리적 결핍 상태다.

적당한 열등감은 인간이 지닌 잠재능력을 발달시키는 촉진제 역할을 한다. 사회학자인 '찰스 호튼 쿨리(Charles Horton Cooley)'는 타인과 비교하며 자신 모습을 찾아가는 사회적 자기를 '**거울 속에 비친 자기**'라 말한다.

치유 일기

은숙 씨는 친정어머니의 인정을 받고 싶었다. 결핍된 욕구는 자신을 무가치하고 부족한 사람으로 인식하게 만든다. 그녀에게 필요한 것은 타인과 비교하는 마음에서 벗어나려는 행동이다.

열등감은 누구나 가지고 있는 심리다. 열등감 자체는 나쁜 것이 아니다. 열등감을 잘못 대처하면 은숙 씨처럼 무기력하고 초라해진다.

또 다른 열등감을 잘못 대처하는 방법은 첫 번째 열등감이 느껴지는 것을 피하고 외면하면서 우월감을 느끼는 것이다. 예를 들면 회사에서 특정 부서를 깎아내리고 자기 업무가 중요하다고 말하는 사람이다.

두 번째, 엉뚱하고 왜곡된 방향으로 우월감을 발휘해 남에게 피해를 주는 경우이다. 예를 들면 열등감이 있는 교사가 학생들 앞에서는 제왕처럼 군림하는 것이다.

열등감에서 벗어나는 방법은 큰 성공이 아니라 소소하게라도 성취감을 경험하는 것이다.

그녀는 옷을 만들 때 아무 생각도 나지 않고 기분이 좋다고 이야기한다. 그리고는 딸아이 치마를 만들어 입혔던 사진을 보여주었다.

그렇게 말하면서 미소 짓는 자신을 모른다. 그녀가 잘하는 것을 인지하고 성취감을 경험할 수 있도록 하는 것이 필요했다.

그동안 살면서 성취감을 느껴본 적이 별로 없던 그녀는 과거 지인의 강아지 옷을 만들어주었던 것을 기억했다. 그때 지인이 예쁘다는 말과 손재주가 좋다고 했지만 대수롭지 않게 넘겼다. 강아지 옷을 만들어 판매하는 것은 어떤지에 대해 진지하게 생각해보기로 했다. 돈을 벌기위해서가 아니라 도전할 수 있음을 경험하기 위해서 말이다.

누구든 열등감을 가지고 있기 마련이지만 누구나 불행하거나 우울감을 경험하는 것은 아니다. 행복은 의지의 문제고 자기 선택의 문제다. 자신이 열등감을 어떻게 이해하고 바라보는지의 차이가 삶의 방식을 바꿔버리기 때문이다.

기형도의 시 '질투는 나의 힘'은 질투를 긍정적으로 바라보고 있다. 성경에서 7대 죄악이라고 하는 질투를 다르게 본 것이다.

시의 내용은 자기 반성으로 암울하지만 제목에서는 긍정적 결론을 내린다. 결국 질투는 내가 살아가는 힘이었다는 통찰을 보여주고 있다.

질투는 인간의 기본 감정 중 하나이기에 완전히 없앨 수가 없다. 성욕, 식욕, 수면욕처럼 자연스러운 것이다. 그러니 열등감과 질투하는 마음 때문에 괴로워하지 말고 질투 때문에 더 분발하는 계기가 된다고 생각하라.

사촌이 땅을 사면 배가 아파야 나도 열심히 하게 되고 자극제가 될 수 있다. 남의 떡이 커 보일 때 세 가지 양상이 나타난다. 내 떡이 한없이 작아 보여 좌절하는 사람이 있고 큰 떡을 얻기위해 분발하고 노력하는 사람이 있다. 그리고 남의 떡을 빼앗는 사람이 있다.

당신은 어떤 사람이 될 것인가.

우리 사회는 열등감을 조장하는 사회이다. 누구나 다른 재능을 가지고 태어난다는 것을 알면서도 오직 한 가지 기준으로 줄을 세우기에 상위 10%조차 열등감에 시달린다. 이것을 극복하는 방법은 다른 줄을 서는 것이다. 높은 산에 오르나 낮은 산에 오르나 똑같은 성취감을 느낀다.

심리학자 아들러는 말한다.

> **"행복해지려면 먼저
> 타인에게 '인정받으려는 욕구'를 버려야 한다."**

만약 선생님이나 부모의 말을 잘 듣지 않고 숙제도 잘 하지 않고 공격적인 아이는 열등감을 극복하고자 하는 욕구가 있다는 것이다. 이런 아이들을 야단을 치면 더 하지 않는다. 오히려 잘 하는 것을 칭찬하면 자존감이 높아져 의욕이 생긴다는 것이다.

영국의 철학자 찰스 핸디의 말을 명심하자

"남을 따라 하지 말라, 남과 비교하지 말라, 자신을 믿고 홀로 천천히 자유롭게 아무도 가지 않은 자기만의 길을 가라."

영화 이야기 - 상의원

상의원, 2014 감독: 이원석   제작 : (주)영화사비단길, 상의원문화산업전문(유)
배급사 : 쇼박스(주), 미디어플렉스, (주)와우픽쳐스

영화 '상의원'은 조선시대 왕실 의복을 담당하는 상의원에 대한 이야
기다. 30년 동안 왕실의 옷을 지어오며 살고있는 어침 장 돌석이 있다.
그는 원리원칙과 법도를 중요시한다. 반면 기생들의 옷을 지어주면서 사
는 공진은 옷에 대해 천부적인 재능을 가지고 있다.
공진이 왕실에 들어오게 된 후부터 돌석은 늘 불안하며 견제하지만 결

국 천재성을 가진 공진의 벽을 넘지 못한다. 극단적으로 공진을 죽음으로 몰아버리며 어침 장은 그동안 이룬 자리를 잃게 된다.

돌석은 절대 부족한 사람이 아니었다. 늘 노력하며 열심히 사는 사람이었지만 자신과 대조적인 공진에게 질투를 느낀다. 노력해도 안 되는 부분은 공진의 천재성이다. 일반적인 사람이 천재성을 가진 사람을 뛰어넘는다는 것은 어렵다. 비교 대상 자체가 안 된다. 돌석처럼 열등감을 가질 필요도 없다는 말이다.

자신이 가진 능력 안에서 장점을 인정하고 수용하는 것이 필요하다. 결국 남의 떡을 어떻게든 뺏으려는 왜곡된 행동으로 타인뿐 아니라 자신도 자멸하게 만든다.

Tip 살리에리 증후군 관련 자료

- 영화 : 해어화(2016) / 상의원(2014) / 아마데우스(1984, 2015) / 프랭크(2014) / 가타카(1998) / 질투는 나의 힘(2003)
- 드라마 : 카이스트(SBS, 1999) / 장영실(KBS, 2016) / 신들의 만찬(MBC, 2012) / 황진이(KBS, 2006) / 베토벤 바이러스(MBC, 2008) / 미생(2014)
- 책 : 콤플렉스는 나의 힘(정승아) / 미움받을 용기(고가 후미타케, 기시미 이치로)

직장, 가정, 육아를 완벽하고 하고싶어 : **슈퍼우먼 증후군**

– 슈퍼우먼은 미디어가 만들어낸 판타지다

정말 소중한 것을 보지 못했던 은희 씨

은희 씨는 현재 유치원 교사로 미래의 목표는 유치원을 운영하고 원장이 되는 것이다. 일과 가정을 병행하면서 성공하는 삶을 꿈꾸고 있었다. 그녀는 6살, 4살의 아들을 둔 워킹맘으로 직장 뿐 아니라 가정 내에서도 억척스럽다.

양육은 늘 힘들고 유치원의 일이 연장선처럼 느껴졌지만 아이들을 잘 키우는 좋은 엄마, 일도 잘하고 양육도 잘하는 엄마로 보여지고 싶었다.

그녀의 남편은 평범한 직장생활을 하고 있다. 항상 강박적으로 일과 육아에 매달리는 아내가 이해가 안 된다고 토로하지만 안쓰럽고 도와주고 싶었다.

은희 씨는 세 가지 일 중 어느 하나도 포기하고 싶지 않았다. 포기하는 순간에 자신은 실패한 사람이 된 것 같다고 했다. 지금의 삶이 힘들어 보였다. 어렸을 때 모든 잘하는 엄마에게 인정받고 싶었다. 여전히 남아있는 여성이 집안일을 해야 한다는 가치관, 규범들로 가정일 또한 게을리할 수 없었다.

슈퍼우먼 증후군이란?

여성의 지위가 높아지면서 직장, 가정, 육아 등 여러 역할을 완벽하게 소화하려 하는 현상을 '슈퍼우먼 증후군(superwoman syndrome)'이라 한다. 완벽해야 한다는 마음은 신체적. 심리적 스트레스, 현기증을 느끼거나 심한 허탈감에 빠지기도 한다.

슈퍼우먼이라는 용어는 1977년 칼럼니스트 엘렌 굿먼(Ellen Goodman)이 '직장과 가정이라는 두 가지 분야에서 다양한 역할을 완벽하게 수행해 내는 여자라는 뜻'으로 처음 사용했다.

성실하고 책임감이 많거나 도전하고 싶어 하는 여성들에게 많이 보여진다. 가사일도 육아도 직장일 모두를 완벽하게 해내려 한다. 혼자서 육아를 담당해야 하는 경우라면 스트레스가 가중된다. 쉽게 짜증을 내거나 감정 기복이 나타나며 회사 내에서도 집중력도 떨어진다. 업무에 대한 효율성이 출산 전보다 낮아지게 되는 경우도 생긴다.

직장 생활과 살림을 잘하는 것이 이상적인 여성으로 생각하는 사고방식도 문제다. 영화, TV, 방송미디어에서 보여지는 커리어의 이미지도 한몫을 한다.

직장, 가정, 육아의 세 가지 일 중 어느 하나 쉽게 내려놓을 수 없다. 삶이 녹록지 않고 매일 중압감에 시달려도 말이다. 성취욕이나 완벽주의 성향 때문만은 아니다. 사회가 원하는 욕구에 맞추기 위해 버겁고 힘들지만 일과 가정에서 동등한 시간을 가져야 하는 것으로 생각하는 경우도 있다.

슈비츠 박사가 말하는 슈퍼우먼 중독형(Addictive Type)은 슈퍼우먼의 환상에 빠져 있는 상태다. 전통적인 성 역할을 가지고 자신의 모든 일을 완벽하게 수행하고자 한다.

슈퍼우먼 갈등형(Conflict Type)은 슈퍼우먼이 되고자 하는 마음과 그렇지 못한 현실 사이에 고민한다. 전통적인 성역할 태도를 가지고 있지만 갈등한다.

슈퍼우먼 자립형(Self- reliance Type)은 콤플렉스를 느끼지 못한다. 할 수 있는 일 만큼만 하고 남에게 도움을 받는 것에 불편해하지 않는 자립형보다 중독형이 신체 건강 수준을 볼 때 현재 자신의 연령보다 훨씬 수치가 낮다.

치유 일기

어머니는 완벽주의자였고 늘 흐트러짐이 없었다. 그런 어머니에게 사랑받고 싶었다. 어머니는 은희 씨를 강하게 키우고 싶었고 칭찬에 인색했다. 은희 씨는 자라면서 칭찬을 받아본 적이 없다. 그런 그녀가 어머니를 동경하고 어머니 같은 인생을 살고 싶었다. 그래야 어머니가 자신을 인정해주고 받아줄 것이라고 생각했다.

아버지도 좋은 분이셨지만 그녀는 늘 어머니 사랑에 목말랐다. 그녀는 모든 잘해야 한다는 프레임 속에 자신을 가둬 버렸다.

지금 소중한 사람은 남편과 아이들이다. 우리는 현재에 머물러야 한다.

만프레트 지발트(Manfred Siebald)의 '누가 너를 사랑하는가' 시의 일부를 읽어주었다. 스스로 사랑하는 시간이 필요했다.

"너의 능력이 사라진 후에 누가 너를 사랑하는가? 네가 일할 힘이 없어졌을 때도 너를 사랑하는 이가 있는가? 네가 꿔다 놓은 보릿자루처럼 가만히 있어도 네가 있다는 것만으로도 기뻐하는 이가 있는가? 네가 가진 지식과 능력과 소유를 먼저 묻지 않는 자가 누구인가? 누가 너를 사랑하는가?"

우리 사회는 슈퍼우먼을 강요하는 측면이 있다. 슈퍼 우먼이 되었을 때 칭찬이 쏟아지고 당사자는 정신적으로 쾌감이 크므로 스트레스를 견디며 살아간다.

그러나 실제로 현실에서 슈퍼우먼은 드물다. 환상적인 캐릭터를 만들어놓고 그렇게 되라고 등을 떠미는 형태이다. 체력적으로나 시간적으로 3가지를 다 완벽하게 하는 사람은 거의 없다. 직장 일이 바쁘면 가사는 간편하게 하거나 미루어지게 되고 아이는 조부모가 맡아 기르거나 유치원에 많이 의존한다.

심리학, 사회학 연구 중에는 평범한 사람이 안정적으로 성공했고, '행복의 열쇠는 인간관계'라는 주장이 있다. 조지 베일런트 교수가 1937년부터 72년간 미국 하버드 대학교 2학년 남학생 268명의 72년의 일생을 추적한 연구결과를 보자.2)

> 268명 중 연방 상원의원 도전자, 대통령(존 F 케네디), 유명한 소설가도 배출되었다. 그런데 연구 시작 후 10년이 지난 후부터 20여명이 심각한 정신적인 문제로 괴로워했고, 그들이 50세가 되자 약 3분의 1이 실제로 정신질환을 앓았다. 하버드생에게 기대하는 부담감, 목표달성을 위한 스트레스 때문이었다. 이렇게 보면 스트레스는 행복의 적인 것 같다.
>
> 스트레스는 직급이 올라갈수록 심해진다. 그러므로 승진할수록 행복과는 거리가 멀어진다.

2) Shenk, J. W. *The Atlantic*, 2009, *Jun.*

혼자 모든 것을 해야 한다는 강박관념에서 벗어나야 한다. 여유로움을 가지고 자신에게 관대해져야 한다. 타인에 비춰 자신을 생각할 것이 아니라 스스로 사랑하는 법을 익히고 삶을 선택해야 한다.

영화 이야기- 하이힐을 신고 달리는 여자

I Don't know How she Does It, 2011 감독: Douglas Mcgrath
제작 : The weinstein Company
수입 : (주)누리픽쳐스　배급사 : 필라멘트픽처스

영화 '하이힐을 신고 달리는 여자'는 일과 가정에서 모두 완벽 하고자 하는 주인공 케이트가 등장한다. 회사에서는 라이벌에게 견제를 받고 가정 내에서는 아이들에게 약속을 지키지 못하는 엄마다. 남편에게는 늘 피곤한 아내이지만 케이트는 모든 것을 다 잘해내고 싶어한다.

케이트는 사회에 불합리한 부분들에 대해 맞서기도 하고 순응하기도 한다. 하지만 크게 나아지는 것은 없다. 일, 가정, 육아라는 세 마리 토끼를 다 잡겠다는 생각에서 벗어나 가치의 우선 순위를 가정으로 정하면서 영화는 끝난다.

직장과의 이중 부담은 심각한 피로와 스트레스와 우울을 발생시킨다. 자신의 능력과 상황에 관계없이 잘해야 한다는 마음은 불안하게 만든다. 가정에 충실해야 하는 주부의 모습부터 불합리한 사회적 시선으로부터 인정받기 위해 고군분투하는 모습 등 여성이 커리어우먼으로 살아남기 위한 부분은 녹록지만은 않다.

중요한 것은 내가 어디에 가치를 두고 선택하느냐의 차이다. 가정, 육아, 일의 세 마리를 동시에 잡는 것은 현실적으로 불가능하다. 하나를 얻으려면 다른 두 개는 우선 순위에서 밀려나는 것은 사실이다. 진짜로 필요한 우선순위가 밀려진다면 그게 과연 행복이고 성공한 삶일까?

Tip 슈퍼우먼 증후군 관련 자료

- 영화 : 워킹걸(2015) / 하이힐을 신고 달리는 여자(2010)
- 드라마 : 워킹맘 육아대디(MBC, 2016) / 워킹맘(SBS, 2010)
- 책 : 슈퍼우먼 신드롬(마조리 핸슨 새비츠)

모든 일이 그냥 화가 난다 : **분노 증후군**

- 화날 때는 거울에 자기 얼굴을 비춰보라

아버지의 부재를 감당하기 힘들었던 은혁

중학교 2학년 은혁이는 등교 길에 자신을 괴롭히던 아이 등에 과도를 꽂았다. 순식간에 벌어진 일이라 지나가던 애들도 놀랐고 등굣길은 아수라장이었다. 빠른 응급처치로 다행히 피해 학생 생명에는 지장이 없었지만 당분간 병원 입원이 필요했다.

은혁이는 중학교 1학년 때부터 피해 학생이 자신을 괴롭혀 이 같은 일을 저질렀다고 한다. 피해 학생이 학교 갈 때마다 자신을 때리고 못살게 굴고 머리를 벽에 박기도 했다며 분노 감정을 드러냈다.

아이는 8살 때까지 캐나다에서 생활하다 부모의 이혼과 동시에 한국으로 어머니와 함께 왔다. 환경변화와 낯선 학교는 아이에게 적지 않은 스트레스였을 것이다.

은혁 어머니는 스트레스를 받을 때마다 아이에게 화풀이했다고 말한다. 어머니 자신도 분노조절장애였다. 아이가 중학생이 되자 때리는 행동을 멈췄고 잘못을 후회한다 말한다. 이제는 은혁이가 힘이 생겨 어머니를 이긴다. 그것 때문에 어머니의 학대행위가 멈췄다고 볼 수도 있다.

분노 증후군이란?

정서적으로 스트레스를 제대로 발산하지 못하고 억제함으로 발생하는 것을 '분노 증후군(anger syndrome)'이라 부른다. 정신의학적으로 충동 조절장애(impulse control disorder)로 '충동적인 분노 폭발형'과 '습관적인 분노 폭발형' 두 가지로 형태로 나타난다.

충동적인 분노는 강한 생리적 반응이 동반되며 도저히 화를 못 참다가 분노를 폭발시킨다. 대표적인 것이 다혈질 기질을 가진 사람들이다. 말 그대로 '욱' 하는 것이다. 습관적인 분노는 생리적 반응은 강하지 않으며 소리가 큰 사람이 이긴다는 식의 경험을 통해 분노 감정을 키워온다.

해소되지 않은 감정들이 쌓여 가슴이 답답해지고 호흡곤란 등 신체적인 증상을 동반하기도 한다. 일순간 울화가 치미는 느낌은 만성적인 화병(火病)으로 이어지기도 한다.

우리는 왜 화(火)를 부정적으로 인식하는 것일까. 분노는 학습된 감정 반응일 뿐이다. 화가 나면 논리적 판단을 할 수가 없는데 전두엽 기능이 순간적으로 마비되기 때문이다.

인간답게 만들어줄 수 있는 기능이 멈춰버려 이성적 판단이 어렵다. 아드레날린 호르몬이 마구 쏟아져 나와 15초 만에 최고 농도에 달하면 분노가 폭발하게 된다.

분노조절장애는 정신적 고통이나 충격 이후 부당함, 모멸감, 좌절감, 무력감 등이 나타나는 부적응의 형태이다.

화를 무조건 참는다고 해서 없어지는 것은 아니다. 마음이 원인이 되어 오는 것은 심리적인 충격이나 정신적인 갈등에 의해 발생되기도 하기 때문이다. 강한 스트레스를 경험하게 되면 몸의 나쁜 증상으로 표출될 수밖에 없다.

치유 일기

은혁이를 만난 첫날 찰흙을 주었다. 만들고 싶은 것 아무거나 만들어 보라 했다. 아이는 찰흙에 사람 형상을 만들고 칼을 만들어 꽂았다. 누구인지 묻자 웃으며 피해 학생의 이름을 부르면서 죽여 버리겠다고 소리를 질렀다. 피해 학생인지 묻자 아니라고 했다. 어머니였는데 아이는 '엄마'라는 단어 대신 '그년'이라는 단어를 사용했다.

그년이 자신을 때렸다고 말하며 언젠가 그년도 죽여 버릴 것이라고 말했다. 심각한 상황이다. 이제부터라도 화를 올바르게 푸는 방법을 터득하고 실천해야 한다.

은혁과 어머니가 함께 건전한 방법으로 분노를 표출할 방법을 제안해 보았다.

* **사격** - 가까운 유료 사격장에 가면 시간당 금액을 받고 공기총 사격을 할 수 있다.
* **폭죽 터뜨리기** - 요즘 도시에서는 힘들지만 유원지에 가면 폭죽 도구를 판다. 옛날에는 동네에서도 많이 했다.
* **레일 바이크 타기** - 양평과 춘천에 가면 할 수 있는데 시원한 바람을 맞으며 발을 굴리면 스트레스가 발산된다.
* **산에 가서 소리 지르기** - 집에서 소리 지르면 '미친 놈' 취급 받지만 산에 가서 소리 지르면 '건전한 시민'이 된다.
* **물 마시기** - 옛 속담에 "냉수 먹고 속 차려라"는 말이 있다. 물은 화(火)를 다스리는 가장 빠른 식품이다. 화(火)로 인해 생성된 물질을 체외로 배설시키고 75%가 물로 되어있는 뇌신경을 진정시킨다. 순간 격분하거나 분노 감정이 올라올 때 물 마시면 감정이 완화된다.

시인 윤동주는 괴로울 때는 바다로 가자고 한다.
그래서 사람들이 답답할 때는 바다 보러 가자고 말하나 보다.

산골물 / 윤동주

괴로운 사람아 괴로운 사람아
옷자락 물결 속에서도
가슴 속 깊이 돌돌 샘물이 흘러
이 밤을 더불어 말할 이 없도다
거리의 소음과 노래부를 수 없도다
그신듯이 냇가에 앉았으니
사랑과 일을 거리에 맡기고
가만히 가만히
바다로 가자,
바다로 가자

은혁이와 어머니에게 독서 치유로 틱낫한의 '화'라는 책을 권해 드렸다. 책을 읽고 마음이 움직이는 구절을 필사하도록 권유했다. 그리고 그 글을 큰 소리로 읽어보도록 했다.
그 책을 읽고 마음이 편했다고 하는 구절을 소개해 본다.

화가 났을 때는 얼른 거울에 자신의 얼굴을 비춰보는 것이 마음을 진정시키는데 매우 유익하다. 그것은 자각을 일깨우는 종소리와도 같은 것이다. 그렇게 자신의 얼굴을 들여다보고 그 얼굴을 바꾸기 위해서 무언가 해야겠다는 동기가 유발된다. 그저 편안하고 침착하게 호흡하고, 의식적으로 미소를 짓기만 하면 된다. 한두 번만 그렇게 하면 당장에 얼굴이 달라질 것이다.

영화 이야기- 앵그리버드 더 무비

The Angry Birds Movie, 2016 감독:Clay Kaytis, Fergal Reilly
제작 : 로비오 애니메이션, 소니 픽처스 이미지워크스
수입 :UPI 코리아　배급사 : UPI 코리아

애니메이션 영화 '앵그리버드 더 무비'에는 화가 나면 참지 못하는 분노 새 '레드'가 등장한다. 서로 사랑하고 전쟁 없이 살아가야 하는데 다른 새들과 어울리지 못하고 화만 내는 레드는 결국 분노조절학교로 보내진다.

자신과 비슷한 친구들을 만나 사건을 해결하면서 변화되는 과정을 담는다. 레드가 마을의 영웅이 되어 해피엔딩으로 영화는 끝난다.

레드는 원래부터 화를 못 참는 새였을까. 어려서부터 놀림 받았던 상처는 억울함이 되고 끝에는 분노로 바뀐다.

해결되지 못한 감정 덩어리는 자신도 모르게 '버럭!' 하는 것이 습관 되어버린다. 요즘은 갈수록 분노 조절이 안 되는 사람들이 속출하고 있다. 내가 지금 분노를 조절하지 못한다면 내안의 '화'를 찾아야 한다.

'화'라는 감정 괴물은 잘 조절해주면 순하지만 무시할 경우 엄청나게 커져 자신을 삼켜버리니 절대 무시해서는 안 된다. 한때 코미디 프로에 앵그리 버드 캐릭터가 인기를 끌었고 말만 하면 '버럭'하는 행동으로 웃음을 자아냈었다. 웃을 일이 아닌데도 말이다.

Tip 분노 증후군 관련 자료

- 영화 : 앵그리버드 더 무비(2016) / 분노의 윤리학(2013) / 베테랑(2015)
- 드라마 : 리멤버-아들의 전쟁(SBS, 2015) / 우리집 꿀단지(KBS, 2015)
- 책 : 홧병(김종우) / 분노도 습관이다(이충헌) / 화(틱낫한)

4장. 고독하고 우울한 나
정서적 결핍 증후군

고독 자체를 즐기는 사람도 있지만 고독은 우울한 감정을 만나면 힘들어진다. '그만 멈춤'이라는 감정 신호가 우울인데 고통스러운 현실의 문제에서 자신을 분리시켜 놓으려는 마음의 작용이다. 화가 빈센트 반 고흐는 "우리의 삶에서 위대한 선장은 작은 감정들이다. 우리들은 이것을 깨닫지 못한 채 늘 감정에 복종한다."고 말했다. 감정은 과거의 생각에서 비롯되기도 하고 외부로부터 들어와 나를 지배하기도 한다.

정서적 결핍에는 육체적 성장과는 별도로 내면에 감정적 아이가 존재한다. 내면 아이(Inner child)는 성인이 되어서도 어린 시절의 정서적 흔적이 내면에 남아있다. 해소되지 않은 어린 시절의 감정이나 문제를 안고 있는 상태다. 성인이 되면 육체적 외형적 모습 뿐 아니라 정신적인 감정과 행동들도 성인이 되어야 한다. 정신적으로 여전히 아이 상태에 머무르고 있는 것이 문제이다.

자기 안에 존재하는 약하고 상처받기 쉬운 면과 잘 소통하지 않아서 내면 아이를 잘 인식하지 못한다. 큰 문제가 발생 되었을 때 나타나기에 당황한다. 지금 마음속에 어린 시절 상처받은 내면 아이가 머무르고 있다면 정신적으로 성장할 수 있도록 도와줘야 한다.

피해를 주었지만 죄책감이 없어 : 배덕 증후군(사이코 패스)

– '멋진 악마'가 되어보자

마음이 차가운 기계가 된 아이 혁철이

15세 혁철은 175cm 키에 IQ가 128로 높고 외모도 준수하며 공부도 잘하는 아이다. 교실에서 청소하다가 같은 반 남자친구와 시비 끝에 밀쳤는데 넘어지면 책상 모서리에 이마가 찢어졌다. 머리에 피가 흐르자 주변 여학생들은 소리 지르며 순식간에 아수라장이 되었다.

가해자인 혁철은 대수롭지 않은 듯 태연하게 빗질을 하였고 심지어 웃기까지 했다는 학생들의 진술로 담임선생님이 의뢰했던 아이다. 혁철이는 피해자가 먼저 잘못했기에 자신이 때리는 것은 당연한 것이라 했다.

피해자는 억울했다. 깨끗하게 하지 않으면 혼나는 상황이라 대충하는 혁철이 못마땅하기도 했지만 그래도 다른 부분까지 청소해 달라 부탁했다. 아이는 피해자가 자신에게 먼저 시비를 걸었다는 거다.

어쨌든 사소한 말다툼이어도 피해자는 이마를 다쳐서 피가 났는데 아이는 아무렇지도 않게 냉소적으로 말하는 눈빛에서 어떤 감정이 느껴지지 않았다.

배덕 증후군이란?

'배덕 증후군(Immoraityl syndrome)'은 심리용어로는 반사회적 성격 장애(Antisocial Personality Disorder)로 분류된다. 배덕은 사전적 의미로 '도덕에 어그러짐'을 뜻한다. 감정의 결여되고 정서적 측면에 문제가 있는 사람에게 보여진다.

타인에게 피해를 주더라도 도덕적, 양심적인 죄책감을 느끼지 못한다. 남에게 피해를 주면 미안한 마음을 가지는 것이 보편적인 사고지만 전혀 미안한 마음을 느끼지 못한다.

미국 브루크하멜 국립연구소의 연구에서 배덕한 사람들의 감정을 관여하고 있는 전두엽이 일반인들과 다르게 활성화되지 못하고 미숙한 상태라고 한다.

사회심리학자인 로버트 치알디니(Robert B.cialdini)교수는 다른 사람을 자기 생각대로 조종하는 사이코패스에 대해 말한다. 유난히 설득력이 좋으며 사람의 심리를 조정하는 데 매우 능숙하다. 자신에게 동조하고 싶은 생각이 들도록 심리적 기술을 사용한다.

매우 지능적인 사이코패스들은 자신을 보호하기 위해 어떠한 수단과 방법을 가리지 않는다. 타인의 고통에 무감각하며 기본적으로 정성 결여, 억제 결여, 폭발성, 공격성의 복합에 있는 사람들이다.

정성 결여는 동정심, 수치심, 후회, 양심, 명예감정, 체면을 존중하는 마음 등이 결여되어 있다. 본능적인 욕구인 흥분과 욕망은 느끼지만 타인을 공감하는 능력만 없을 뿐이다.

성격적으로 굳어진 반사회성은 어린 시절의 모성 경험이 결핍된 아이들에게 보여진다. 부모로부터 배척받은 경험에 의해서도 반사회적인 행동을 하는데 0~3세까지가 중요한 애착 형성의 시기다. 이때 결핍된 욕구는 아동기와 성인기 전반에 걸쳐 영향을 미친다.

공감에 기초한 양육을 받아본 적이 없기에 공감 능력이 결여되었다. 인간의 뇌는 플라스틱처럼 변형이 가능한 '가소성(plasticity)'을 지니고 있다.

사이코패스와 소시오패스는 다르다. 소시오패스는 양심 불량자로 사회성이 있고 사회생활을 잘하며 높은 관직에도 오를 수 있다. 반면 사이코패스는 충동성이 강하고 사회성이 낮지만 필요에 의해 완벽하게 연기하기도 한다. 기본적으로 애착과 관계성 모두 결핍된 불행한 인간이다. 그래서 범죄를 저지를 확률이 높다.

치유 일기

혁철이는 표정이 없었다. 그 친구가 다친 것에 대해 놀라거나 걱정되지 않는지에 대해 "걔가 먼저 시비 걸었다니까요."라고 말하며 자신의 입장만 고수했다.

그리고는 맥락 없이 "선생님 동생을 어떻게 괴롭히는지 아세요? 엄마에게 들키지 않으려면 엄마가 계실 때는 동생을 잘 챙겨주면 돼요. 그리고 엄마가 없을 때 바늘 같은 것으로 찌르거나 모서리에 티 안나 게 밀어요. 상처가 나면 안 되니까요."

학교 선생님들은 혁철이가 그런 행동을 했다는 것을 이해하지 못했다. 공부도 상위권이었고 무엇보다 아이가 키도 크고 잘생겼기에 선생님들은 모범생으로 보고 있었다.

사이코패스를 좋게 표현하면 용감하고 겁이 없다고 할 수 있다.

좋게 나타나면 치열한 경쟁 사회에서 자기 마음 다치지 않고 성공할 수 있을 것이다. 다만 범죄로 이어지는 것은 조심하고 대범한 성격을 좋은 쪽으로 사용한다면 지도자가 될 확률이 높다. 누가 뭐라고 해도 상처받지 않고 꿋꿋하게 자기 길을 가기 때문이다.

남의 고통을 잘 느끼지 못하는 사람들은 사회적으로 성공한 사람들 중에도 많이 있다. 아니 오히려 이런 성향이기에 더 성공할 수 있는 것이다. 싸움광, 전쟁광 등 남을 밟거나 죽이는데 아무렇지도 않은 정복자들이다.

역사적으로 칭기스칸, 나폴레옹, 알렉산더, 히틀러, 광개토왕 등이 다 사이코패스 혹은 소시오패스였던 것이다.

나폴레옹은 16세에 소위로 임관한 후, 24세에 사단장, 27세에 군단장, 30세에 대통령, 35세에 황제가 되었다. 그 키 작은 남자는 동양의 조그만 나라에서는 영웅으로 알려져 있지만 프랑스 국민들에게는 영웅뿐 아니라 독재자로도, 또 프랑스 이외의 유럽에서는 흉악한 침략자로 인식되고 있다.[3]

현대 정복자들은 주로 어디에 있을까. 치열하고 경쟁하고 피도 눈물도 없는 기업인이나 정치인들은 소시오 패스와 사이코패스들이 섞여 있다는 합리적 유추가 가능하다. 이들은 학력이 높거나 머리가 좋은 경우가 많고 실질적으로 범죄를 저지르지 않지만 가장 비열하고 잔인한 방법으로 사람들을 밟는다. 범죄를 은닉하는데 능하고 법의 망을 잘 피하며 타인의 고통 따위에는 관심이 없다.

기업에서 내부의 적이든 외부의 적이든 밟고 올라가는데 양심의 가책을 느끼지 못해야 더 높이 올라간다. 불편한 진실이다. 소시오 패스에 가까운 이들이 조직에서 상위에 있다면 타인의 아픔을 공감하지 못한다.

---

3) 알랭 드 보통, 〈불안〉, 정영목 옮김, 이레, 2005.
   실제로 나폴레옹이 벌인 전쟁 때문에 당시 유럽 인구의 무려 10%가 사망하였다.

이런 냉혈한들은 주변 사람들에게 적지 않은 상처를 줄 것이다.

소설 '아몬드'에 감정을 느끼지 못하는 주인공이 나오는데 엄마의 끊임없는 교육과 여러 사건들을 통해 치유되는 내용이 전개된다. 물론 소설이지만 노력을 통해서 좋아지지 않는 일은 없을 거라 확신한다.

선천적으로 사이코패스라면 '멋진 악마'가 되려고 노력해 보는 것도 필요하다.

영화 이야기 - 검은 집

검은집, 2007 감독:신태라   제작 배급사 : CJ엔터테인먼트

영화 '검은 집'에는 사이코패스 신이화가 등장한다. 아들의 죽음과 관련 보험금 수령 문제로 보험회사 직원 전준오가 가정방문 하면서 이야기가 진행된다.

절단기에 무심하게 팔을 들이미는 남편의 팔을 무표정으로 아무렇지 않게 자르는 신이화의 모습이 섬뜩하다. 전준오는 이 가정이 의심스럽지만 증거를 찾을 수 없다. 영화 속 신이화는 사이코패스의 모습을 보인다. 연기의 달인이고 원하는 것을 얻기 위해 잔혹한 행동도 서슴지 않고 한다.

전준오만 그녀를 의심할 뿐 다른 사람들 눈에는 보이지 않는다. '어떻게 저런 여린 사람이 그런 행동을 해', ' 얼마나 친절한 사람인데' 단정 지으면 신이화가 사람을 죽이고 증거가 나와도 믿지 않을 것이다.

심리학에서 말하는 '후광효과'는 그 사람이 가진 두드러진 특성으로 다른 것들이 안 보이는 것이다. 이성적 판단이 흐려진다.

영화는 물증은 없고 심증만 있는 것으로 끝나기는 하는데 답답한 느낌이었다. 우리 주변에도 사이코패스나 소시오패스가 일반 사람들 속에서 섞여서 연기하고 있지만 선별하기 어렵다는 것이 말이다.

Tip 배덕 증후군 관련 자료

- 영화 : 검은 집(2007) / 아메리칸 사이코(2000) / 노인을 위한 나라는 없다(2007) / 양들의 침묵(1991)
- 드라마 : 갑동이(tvN, 2015) / 나쁜 녀석들(OCN, 2014)
- 책 : 음흉하게 꿈꾸는 텍스터(제프 린제이) / 한여름의 살인(헤링 만켈) / 아몬드(손원평)

손목 그으면 살아있음을 느껴 : 리스트 컷(자해) 증후군

- 그대는 웃을 줄 아는 별을 가졌는가

자해를 통해 존재하는 아이 해진

15세 해진이 어머니는 중국 사람이다. 한국인 아버지와 이혼 후 중국에서 살다가 다시 한국에 온 후 한국 남자와 재혼하였다. 아이는 화가 나거나 짜증 날 때마다 손목을 그어 상처를 냈다. 이미 팔까지 커터 칼로 상처를 내는 등 점점 그 강도가 심해진 상태였다.

해진이는 어머니와 사이가 좋지 않고 항상 다퉜다. 심리적으로 매우 불안정한 아이는 마음 둘 곳이 없었다. 어머니는 이혼과 재혼을 반복하는 동안 딸을 방치했다. 자해 행동 자체를 용납하고 싶지 않았고 오히려 아이 때문에 자신이 더 힘들다고 토로한다.

아이는 자신보다 남자만을 생각하는 엄마가 미웠고 새아버지의 잔소리가 싫었다. 그런 새아버지의 편을 드는 엄마와는 말도 하기 싫었다.

과거 중국에서의 생활을 동경하며 돌아가고 싶어 했다. 당연히 학교생활은 힘들었고 잦은 환경의 변화로 제대로 친구들로 사귈 수도 없었다.

리스트 컷 증후군이란?

'리스트 컷(Wrist cut)'은 '손목(Wrist)'와 베다 혹은 '긋다(Cut)'의 합성어로 손목을 그어 상처를 내는 것을 말한다. 이런 행위를 반복적으로 하는 것을 '**리스트 컷 증후군**(Wrist Cut Syndrome)'라 한다.

리스트 컷은 이지메 현상이 사회문제로 이슈화되던 일본에서 주로 청소년들에게 광범위하게 나타났다. 90년대 일본 가수인 '나카모리 아키나'가 손목을 긋는 사건이 발생했는데 이때부터 젊은 여성들이 자주 모방하였다. 손목 혹은 팔 등을 긋는 반복적인 자해 행위와 상처 부위에 피가 나는 것을 통해서 살아있음을 느끼려 한다.

주로 날카로운 커터 칼을 자주 사용하며 시간이 갈수록 칼에 베이는 상처가 깊어진다. 습관성 자해는 만성 빈혈로 이어지는데 심장이 비대해지고, 판막에 구멍이 뚫려 목숨을 잃을 수도 있다. 살아있는 건지 죽어있는 건지 스스로 알 수 없기에 마치 존재감을 확인하기라도 하듯 자신의 손목에 상처 내는 행위를 반복하는 것이다.

부모에게 정서적으로 유기되었다면 무의식 속에 '부모한테 사랑받지 못하는 나는 살아갈 가치가 없다'라고 느낀다. 가장 가까운 부모로부터 사랑을 거부당했기에 다른 사람들에게도 버림받을까 두렵다. 특히 혼자 있을 때 그 긴장이 고조되어 자해를 더 많이 하게 된다. 항상 자신을 손상시키고 싶은 것을 의식하고 있으며 베어야 할까 말까 망설이다가 곧 완전한 자아도취 상태로 자해를 한다. 곧바로 혐오, 후회, 죄책감을 느끼지만 다시 똑같은 상황을 반복한다.

반복적으로 손목을 긋는 행동은 충동조절장애에 해당하는데 충동을 억제하지 못하다보니 예고 없이 자해 행동을 한다. 기본적으로 자신에 대한 가치감이 없어 자해를 아무리 해도 정체성을 알 수 없다.

주로 초기 청소년기에서 초기 성인기까지 발병률이 높으며 특히 미숙한 청소년들에게 많이 발생한다.

여성이 80%를 차지하는데 남성에 비해 여성이 훨씬 더 공격성을 표출하는데 서투르며 내향화하기 때문이다.

심리적 상처를 받은 경우는 더더욱 자신의 존재 자체에 더 불안감을 느낀다. 살아있음을 느끼지 못하고 괴로운 상태가 되면 극단적인 행동을 통해 스트레스를 해소하려 하는 방식이 자해다.

해외에는 인터넷 상에 '리스커' 들이 모이는 사이트가 꽤 있다. 불안정한 정체성은 '내가 누구인지 나는 모른다.'는 자신의 가치 측면에 문제가 발생되고 정서적으로 유기된 자해 환자들은 자신이 무가치하다고 느낀다. 충동 통제가 어렵고 돌발적이고 극단적인 행동에 몸을 맡기고 망설임 없게 된다. 가장 필요한 것은 자신의 가치이며 존재감이다.

치유 일기

아이의 행동에는 부모에게 원인이 있다. 아버지에게 잔소리를 멈추어 달라고 부탁했고 어머니의 변화도 필요했다. 아이에게 매일 같이 상담실에 놀러오라고 했다. 다행히 아이는 상담실을 좋아했고 간식 먹으러 자주 왔다. 그러는 사이 우리는 조금씩 가까워지고 있었다.

극도의 분노감을 느낄 때도 자해를 하지만 단지 자신의 존재감을 확인하려 반복적으로 자해하는 것이다. 결국 자신의 신체에 손상을 입히는 것은 자기 존재가 불확실하기 때문이다. 아이러니하게도 살아남기 위해 죽으려는 행동을 반복적으로 보인다.

해진이에게 자신이 소중한 존재라는 것을 알려주기 위해 여러 좋은 글과 이야기를 들려주었다.

해진이와 어머니에게 독서 치유로 생떽쥐베리의 〈어린 왕자〉를 권했다. 그 중 한 구절을 읽어주고 벽에 붙여놓고 하루에 한 번씩 읽어보라고 권했다.

웃을 줄 아는 별 / 생떽쥐베리

사람들에 따라 별들은 서로 다른 존재예요
여행하는 사람에겐 별은 길잡이고
또 어떤 사람들에겐 그저 조그만 빛일 뿐이고,
학자인 사람에게는 연구해야 할 대상이고
사업가에게는 금이죠
하지만 그런 별들은 모두 침묵을 지키고 있어요
그대는 어느 누구도 갖지 못한 별들을 갖게 될거에요 왜냐구요?
밤에 하늘을 바라볼 때면
내가 그 별들 중의 하나에 살고 있을 테니까요
내가 그 별들 중의 하나에서 웃고 있을 테니까요
모든 별들이 다 그대에게는 웃고 있는 것처럼 보일거예요
그대는 웃을 줄 아는 별들을 가지게 되는 거예요
하하

영화 이야기- 붕대클럽

The Bandage Clud, 2007 감독:Yukihiko Tsutsumi
제작 : Office Crescendo, Toei Picture Company Productions
수입 : 다우리 엔터테인먼트 배급사 : 프리버전 엔터테인먼트

'붕대클럽'은 일본의 베스트셀러 작가 '텐도 아라타'의 동명소설을 영화로 한 작품이다. 영화 속에는 저마다 상처를 안고 있는 청소년들이 등장한다. 청소년 성장영화지만 어른들도 생각하게 만드는 영화다.

영화 속 주인공 와라는 이혼한 엄마와 남동생과 같이 살고있는 평범한 여고생이다. 늘 반복되는 일상이 지루하고 무언가 소중한 것을 잃어가는 것 같다. 뜻하지 않게 요리 중에 손목을 베이고 병원을 찾는다. 옥상에서 사투리에 괴상한 옷차림을 한 디노를 처음 만난다. 디노는 자살 시도를 한 흔적으로 와라를 놀리다가 진지하게 자신이 손목에 감고 있던 붕대를 병원 난간에 묶는다. 와라는 자신도 모르게 마음 속 어딘가의 상처가 아무는 느낌을 받는다.

이번 사건을 계기로 와라와 친구들은 마음 따뜻한 일을 계획하게 된다. 자신이 느꼈던 감정을 공유하고 싶었다. 붕대클럽은 상처받아 힘들어하는 의뢰인들의 장소에 붕대를 감아주는 활동을 하는 모임이다. 많은 의뢰인들이 붕대클럽에 사연을 보내고 치유 받는다는 내용이다. 상징적으로 표현된 붕대는 단지 보이는 상처를 감싸주는 표면적인 물건이 아닌 사람의 마음까지 치유해줄 수 있다는 설정이 인상 깊었다.

자신을 해하는 사람들은 외롭고 극단적이거나 벼랑 끝에 있는 경우가 많다. 사소한 것이라도 누군가가 관심을 갖고 이해해줄 수 있다면 행동 변화가 일어날 수 있다.

Tip 리스트 컷 증후군 관련 자료

- 영화 : 박쥐(2009) / 얼굴 없는 미녀(2004) / 아파트(2006)
- 드라마 : 화이트 크리스마스(KBS, 2011) / 신의 퀴즈2, 1~2화(OCN, 2014) / 킬미힐미(KBS, 2015)
- 책 : 만화책 GOTH: 리스트컷 사건(오츠이치)

자녀가 떠나니 불안해 : 빈 둥지 증후군

- 그대의 자녀들은 그대의 소유가 아니다

아들에게 의지하고 싶었던 은남 씨

50대 초반의 은남 씨는 중매로 남편을 만났다. 젊었을 때부터 남편과 아들에게 희생하는 삶이 익숙했다.

아들이 대학 졸업 후 지방에 있는 회사에 취직에 되어 떠나자 그때부터 우울감이 찾아왔다. 아들이 주말마다 집에 온다고 약속을 했지만 자신이 해야 할 일이 사라진 것 같은 느낌이었다.

남편과 사이도 소원한 터라 의지하고 있던 아들마저 곁에 없자 허전함이 밀려왔다.

남편은 아들이 독립하자 자신의 취미생활을 즐겼다. 은남 씨는 그런 남편이 미웠고 부정적인 감정은 부부간의 벽을 만들었다.

허전함에서 벗어나기 위해 남편과 같이 취미 생활을 갖는 것도 하나의 방법이지만 어려운 일이다.

상담을 받을 생각도 의지도 없었고 아내에게 별로 관심이 없었다. 은남 씨에게는 남동생이 하나 있지만 결혼해서 멀리 살기도 하고 자매처럼 끈끈한 사이도 아니었다.

빈둥지 증후군이란?

어미 새는 온 몸으로 자신이 낳은 알을 품고 새끼가 태어난다. 새끼에게 줄 음식을 물어다 나르며 힘든 줄도 모른다. 하루가 다르게 커가는 새끼들을 보며 온갖 정성을 쏟다가 어느새 커버린 새끼들은 훌쩍 떠나고 빈 둥지만 남는다.

'공소 증후군'라고도 부르는 '빈 둥지 증후군(Empty Nest Syndrome)'은 자녀들이 성장해서 부모 곁을 떠난 시기에 중년의 주부들이 느끼는 심리적 불안이다.

보금자리로 느꼈던 가정이 빈 둥지만 남고 모두들 떠나버리자 자신은 빈껍데기 신세가 되는 것같이 생각된다. 여기서 오는 공허감. 자기 정체성 상실 등이 심리적으로 작용하여 가정문제에 부적응 상태가 된다.

중년의 위기(Midlife Crisis)가 시작되고 사회 경제적으로 성공하기 위해 자신의 욕구를 억압하며 살아온 것에 회의와 무가치함을 경험한다. 인생을 재조명해 보며 다가오는 노년기에 심리적 적응을 충분히 준비할 수 있다.

중년여성들은 갱년기와 폐경기를 겪는 시기와 자녀들이 독립하는 시기, 후반기에 은퇴나 사별 등의 중요한 위기와 맞물리면 더욱 예민해진다. 자녀의 조기 유학을 위해 아내와 같이 떠나보낸 기러기 아빠도 종종 이 증후군을 보인다.

자신에 대한 지나친 관심이 왜곡된 형태로 발전되면 건강염려증이나 성형중독에 빠진다. 일부는 미봉책으로 늦둥이를 갖거나 심한 경우 '심리적인 상실감'을 견디지 못해 알코올 중독자가 되기도 한다.

빈 둥지 증후군에는 '좋은 엄마 콤플렉스'가 있다. '내 아이만큼은 남부럽지 않게 키워야 한다.'고 생각한다. 너무 지나치면 자신의 삶을 자녀에게 모두 쏟아부어야 좋은 엄마라는 강박에 사로잡힌다. 부정적으로 작용하는 자녀에 대한 보상심리는 아이와 자신을 적절히 분리시키지 못한다. 자녀를 통해 얻으려는 대리만족은 '사랑'이라는 이름으로 자녀에게 부담 주는 행동을 정당화시킨다.

치유 일기

은남 씨의 정체성을 찾는 것이 필요했다. 아들에게 쏟았던 에너지를 다른 곳으로 발산해야 했다. 우울감에 빠진 그녀에게 조금씩 활동할 수 있도록 취미생활과 계획을 짜서 실행해 보기로 했다. 처음에는 무기력하고 나가기도 싫어했지만 천천히 계획을 실행해 보기로 했다.

아들이 지방에 내려가기 전까지 즐거웠던 일을 생각했다. 문화센터에서 퀼트를 배웠었는데 재미있었다고 기억했다. 매일 그녀에게 소소하게 할 수 있는 것들을 적어보라고 했다. 오늘은 자신을 위해서 케익을 사서 먹어보기 등 은남 씨는 비교적 잘 따라왔다. 그녀와 가까워졌을 때 퀼트를 배워보는 것을 조심스럽게 권해보았다.

며칠 후 아들이 엄마가 좋아하는 것을 하고 살았으면 좋겠다는 말을 듣고 어렵게 퀼트를 다시 시작해보기로 했다.

젊었을 때 하고 싶었는데 못한 것을 다시 해 보는 것도 좋다.

요즘 댄스스포츠가 붐인데 활동적인 것을 해보고 싶다면 댄스스포츠도 좋다. 10~20만원 정도 내면 일주일에 1~2회 학원에 가서 신체를 움직이고 파트너와 교류하면서 삶의 활력소를 찾을 수 있다.

혼자 하는 운동은 금방 싫증나고 꾸준히 하려면 의지가 강해야 한다. 그러나 댄스스포츠는 단체로, 혹은 짝을 이루어서 하기에 슬럼프에 빠져도 파트너나 동료들이 격려와 용기를 주기에 계속할 수 있는 원동력이 있다.

중도 장애인들도 집에만 있다가 휠체어댄스스포츠로 밖으로 나와 용기를 얻고 새로운 인생을 사는 경우가 많다.

신체를 움직이고 음악을 듣고 사람들과 대화를 하는 것은 원시시대부터 내려온 활력을 얻는 방법이기에 아주 좋은 방법이다.

차차차, 룸바, 자이브, 삼바. 이런 단어만 들어도 신나게 몸을 움직이고 싶지 않은가?

시치료의 일환으로 칼릴 지브란의 '아이들에 대하여'의 일부를 읽어주고 벽에 붙여놓고 암송하도록 권했다.

당신의 자녀들은 당신의 아이가 아니다. / 그들은 스스로 자신의 삶을 열망하는 / 큰 생명의 아들과 딸들이다.

그들이 비록 당신을 통해 태어났지만, / 당신으로부터 온 것은 아니다.

당신은 아이들에게 당신의 사랑을 주되 / 당신의 생각까지 주려고 하지는 마라 / 아이들은 그들 자신만의 / 사명을 가지고 태어났기 때문이다.

당신은 아이들에게 / 몸이 거처할 집은 줄 수 있으나 / 영혼의 거처까지는 줄 수 없다.

아이들의 영혼은 당신이 꿈에서도 가볼 수 없는 / 내일의 집 속에 살고 있기 때문이다.

삶이란 나아가는 것이며 / 어제와 함께 머무르지 않기 때문이다.

당신은 활이고 그곳에서 당신의 자녀들이 / 삶의 화살로서 앞으로 쏘아져 날아간다.

Ride, 2014   감독 : Helen Hunt 제작 : 샌드바 픽처스
수입 : (주)티캐스트 콘텐츠허브   배급사 : 스크린 미디어 필름스

'라이드: 나에게로의 여행'에서 주인공 재키는 출판사 편집장으로 일하는데 바쁜 업무로 잠잘 시간도 부족하다. 그래도 작가를 꿈꾸는 아들 엔젤로에게만은 온갖 정성을 쏟는데 실상은 일거수일투족을 따라 다니는 전형적인 헬리콥터 맘이다.

성장한 엔젤로는 엄마와 점차 의견이 맞지 않자 곁을 떠나게 된다. 재키는 자신의 통제권에서 벗어나려는 아들의 마음을 설득하려 노력하지만 뜻대로 되지 않는다. 엔젤로는 자퇴하고 서퍼가 되기 위해 캘리포니아로 떠난다. 자유로움을 추구하는 엔젤로는 엄마의 간섭이 불편하다.

앤젤로는, '편안하게 수영장에서 수영해본 엄마는 거친 파도에 맞서서 아무것도 할 수 없을 것'이라는 말을 던진다. 이 말에 자극받은 재키가 바다로 나가 서핑을 하면서 자연과 동화되면서 아들을 이해한다는 내용이다.

제목처럼 진짜 아들 바보 억척 엄마의 자아 찾기다. 재키는 진정한 자신의 삶을 찾아가는 것으로 영화는 끝난다.

가정에 희생하는 삶 속에서 아들을 통해 보상심리를 느끼고자 했던 어머니들은 같은 마음이었을 것이다. 진정한 행복은 자신의 삶을 즐길 수 있을 때 찾는 것 같다.

Tip 빈둥지 증후군 관련 자료

- 영화 : 올가미(1997) / 라이드: 나에게로의 여행(2015)
- 드라마 : 세 번 결혼하는 여자(SBS, 2013) / 달콤한 나의 도시(SBS, 2014) / 왕가네 식구들(KBS, 2013) / 결혼의 여신(SBS, 2013)
- 책 : 아무것도 하지 않는 순간에 일어나는 흥미로운 일들(빌리엔, 오르바르 뢰프그렌)

무엇인가 손에 없으면 불안해 : **블랭킷 증후군**

– 자기만의 블랭킷이 필요하다

토끼 인형과 떨어질 수 없는 아연이

아연이는 어릴 때 엄마가 사준 토끼 인형을 매우 좋아했다. 초등학교 4학년이 된 지금도 토끼 인형을 버리지 못하고 간직하고 있다. 엄마는 아연이가 어린아이처럼 행동하는 것 같아 불만이다.

언제는 몰래 엄마가 토끼 인형을 버렸지만 금새 들통났고 아이는 심하게 울었다. 늘 잘 때마다 안고 자거나 한시라도 없어지면 불안하다.

아연이의 인형에 대한 집착은 동생이 태어나면서 시작되었다. 세 살 터울 동생은 발달장애로 태어났다. 잘 서지 못하는 아이에게 엄마의 손길은 지속적으로 필요했다. 그러니 항상 동생이 우선순위고 누나인 아연이에게 맏이로서의 책임감을 부여시킬 수밖에 없었다.

동생이 몸이 아프다는 것을 알지만 부모님이 자신보다 동생만 사랑하는 것 같아 불안하다. 외롭다고 느낀 아이는 5살 때 엄마에게 선물 받은 토끼 인형에 집착하기 시작했다. 엄마는 다 헤져버린 인형을 버리고 싶었다. 새로운 인형을 사주겠다고 해도 아연이는 지금의 인형이 좋다.

블랭킷 증후군이란?

블랭킷(Blanket)은 '담요'라는 뜻이다. **'블랭킷 증후군(Blanket syndrome)'**은 일반적으로 성장 과정에서 겪게 되는 의존 행동의 일환이다. 담요 혹은 인형처럼 자신에게 중요한 물건이 옆에 없으면 마음이 불안해지는 증세를 말한다.

찰스 슐츠의 만화 〈피너츠〉(peanuts)는 스누피와 그의 친구들 이야기로 유명한 작품이다. 만화 속 주인공 찰리 브라운의 친구 라이너스는 자신과 거의 비슷한 동생과 구별되기 위해 늘 담요를 안고 다닌다. 담요가 없으면 불안해하며 엄지손가락을 빠는 라이너스의 행동에서 이름 붙여 '라이너스 증후군'라고도 부른다.

찰리 슐츠가 그린 만화 〈피너츠〉의
등장인물 라이너스(1952)

특정 대상과 떨어져 불안한 증상을 보이는 것이 분리불안인데 유아들에게 거쳐 가는 발달과정이며 자연스럽게 사라진다. 애착 대상과 떨어지게 되면 심리적 안정감을 위해 엄마를 대신할 물건을 찾게 된다. 전이대상물(transitional object)이라고 하는데 주로 담요, 이불, 인형, 옷 등 다양하게 보여진다. 스스로 본능적으로 생존을 위한 방법을 찾은 것이기에 필요해 보일 수도 있다.

치유 일기

아연이는 겉으로 보이는 문제 행동은 없었다. 학교에서도 잘 지내고 공부도 열심히 한다. 다만 인형에만 집착하는 것이고 엄마의 눈치를 보는 정도다. 아이는 엄마의 관심과 사랑을 받고 싶은데 그럴 수 없어 아연이가 선택한 것은 토끼 인형이었다. 그런 아이에게 소중한 인형을 버리거나 뺏으려 하는 행동이 얼마나 상처를 주었을까.

아연이보다 어머니의 상담이 더 시급해 보였다. 소설 '공중 그네'를 읽어보도록 추천했다.

소설 '공중 그네'(오쿠타 히데오)를 읽어보면 독특한 치유의 방법이 나온다.

정신과 의사 이라부는 환자들이 두려워하는 것을 직접 해본다.

이라부는 야쿠자와 담판 지으러 같이 가기도 하고 공중그네 곡예사가 그네 타는 것을 두려워하자 직접 타보기도 한다. 그렇게 해서 환자들이 치유되는데 그 이유는 강압적으로 하는 것이 아니라 환자의 마음을 진심으로 이해해주고, 환자 자신이 하고싶은 말을 대신 해주며, 환자 자신도 모르는 자기를 알게 해주기 때문이다.

성인이 되어도 헬로키티 인형를 좋아하여 가까이하는 여성을 많이 본다. 집 안 여기저기 걸어두기도 하고 베게나 이불도 헬로키티 캐릭터다. 차 안 방향제, 티셔츠 프린터, 핸드폰 장식 등 헬로키티에 빠진 것처럼 보인다. 남에게 피해 주지 않고 행복하게 산다면 무엇을 가지고 놀든 개인의 취향이다.

"엄마도 아연이 인형을 갖고 아연이처럼 같이 놀아보면 어떨까요?"

진심을 가지고 이야기를 하니 아연 엄마는 처음에는 난처해했지만 어릴 때를 떠올리며 같이 인형을 갖고 놀아보겠다고 했다.

아연이 엄마는 딸이 토끼 인형으로 위안이 되었다는 것을 이해하고 아연이에게도 사랑을 나누어 주기로 했다.

영화 이야기 - 자전거 탄 소년

The kid with a Bike, 2012
감독: Jean-pierre Dardenne/ Luc Dardenne
제작 : Les Films du Fleuve 수입 배급사 : (주)티캐스트 콘텐츠허브

영화 '자전거 탄 소년'에 주인공 11살 시릴에게는 가장 아끼는 자전거가 있다. 시릴의 어머니는 등장하지 않고 아버지와 함께 생활한다. 형편이 점점 어려워지자 급기야 아버지는 시릴을 보육원에 버린다.

시릴은 보육원이 답답하고 싫다. 호시탐탐 탈출할 생각을 하지만 번번히 실패하다 결국 성공한다. 도망쳐 들어간 병원 대기실에 앉아있던 사만다를 만나게 된다. 아이는 아버지를 찾지만 이사가 버리고 자신이 아끼던 자전거도 팔렸다는 사실을 알게 된다.

시릴은 아버지가 나쁜 사람이어서가 아니라 자신이 사랑스럽지 않아서 버림받은 거라 믿으며 현실을 부정하고 싶었다. 병원 대기실에 만난 사만다는 시릴의 수호천사 같다. 아이에게 손을 내밀어준 사람이었다. 아이의 팔린 자전거를 되찾아주고 보육원에서 나가고 싶어 하는 시릴을 위해 주말마다 기꺼이 위탁모를 자처한다.

묵묵히 시릴의 마음을 보듬어주는 그녀의 사랑을 통해 시릴의 얼었던 마음이 조금씩 열린다. 친부모가 아닌데도 헌신적인 사만다의 모성애를 통해 아이는 치유된다. 영화는 우여곡절을 겪은 시릴이 사만다와 같이 살고 싶은 마음을 전하며 새로운 가족의 탄생과 더불어 자신이 가장 사랑하는 자전거를 타고 달리는 것으로 끝난다.

애착 대상은 심리적으로 안정감을 주거나 버티게 하는 원동력이 되기도 한다. 중요한 것은 마음 속 결핍은 무엇으로든 채우고 싶어 한다. 그것이 전이 대상이든 사람이든 말이다.

Tip 블랭킷 증후군 관련자료

- 영화 : 자전거 탄 소년(2012) / 스누피: 더 피너츠 무비(2015)
- 책 : 공중그네(오쿠타 히데오) / 나는 상처를 가진 채 어른이 되었다
  (오키다 다카시)

착한 아이가 사랑받아 : **착한아이 증후군**

– 착한 것과 선한 것은 다르다

사랑받기 위해 자신을 희생하는 영주

"학원에서 공부는 열심히 했지? 착하다."

영주에게 엄마가 항상 하는 말이다.

물론 처음에는 강압적으로 하고 안하면 혼도 냈지만 옆 집의 남자 아이가 부모의 지나친 기대 때문에 대입에도 실패하고 정신과 치료를 한다는 소리를 듣고부터는 칭찬만 해주려고 노력했다. 매일 해주는 착하다는 말도 그 중 한 가지였다. 엄마는 칭찬을 통해 아이에게 자신감을 심어준다며 잘하고 있다고 생각했다.

이런 노력 덕분일까. 영주는 말도 잘 듣고 공부도 잘하는 아이로 자랐다. 영주는 음악 하는 것이 좋아 눈치를 보며 음악 학원에 가고 싶다고 어렵게 말했으나 엄마는 못 들은 척했다. 엄마에게는 국어, 영어, 수학이 가장 중요했다.

영주는 엄마의 기분이 나빠지면 엄마가 자기를 미워하지 않을까, 라는 생각에 엄마의 말이라면 싫다고 한 적이 거의 없었다. 엄마는 그때마다 영주에게 착하다고 말했고 영주는 그것이 칭찬으로 들렸지만 어딘가 답답했다.

그러다가 사건이 터졌다. 영주가 같은 반 아이의 물건을 훔친 것이었다. 영주는 엄마를 실망시키지 않으려고 쌓인 스트레스가 절도로 변형되어 나타난 것이다. 착한 아이가 되라는 강박증을 심어준 엄마가 상담을 하러 온 계기를 만든 것이다.

착한 아이 증후군이란?

유아기적 의존 욕구는 인간의 기본적인 것이지만 억압되는 환경에서 방어기제를 사용한다. 착한 아이가 되기 위해 혹은 그런 소리를 들으려 내면의 욕구나 소망을 억압하는 말과 행동을 반복하는 것 '**착한 아이 증후군**(The good child syndrome)'다.

착하지 않으면 사랑받을 수 없다는 두려움과 강한 믿음을 가지고 있다. 성인이 되어도 억압되는 마음에 얽매이며 늘 착한 아이로 불리게 된다. 강박증의 한 형태로 착한 아이들은 심리가 늘 불안정할 수밖에 없다.

부모 혹은 타인에게 사랑과 관심을 받기 위해 자신을 더욱더 착한 사람으로 만들려 한다. 타인의 반응이나 말에 민감하게 반응하고 순종적인 반면 정작 자신의 느낌이나 욕구는 무시한다.

엄격한 부모 밑에서 자란 아이들일수록 부모의 통제 욕구로 어른들이 보기에 아이들은 착해 보일 수 있다. '어른스럽다. 말을 참 잘 듣는다.' 등의 수식어가 늘 따라다닌다. 소위 '애어른(어른아이)' 같은 아이들이다.

에릭 번(Eirc Berne)이 말하는 어린이 자아에는 반항적 어린이, 순응적 어린이, 자유로운 어린이가 있다.

착한 아이들은 대부분 순응적 어린이 자아가 높다. 순응적 아이들은 자신의 감정을 억제하고 착한 아이로 보이려 노력하지만 마음 속에는 자신도 모르게 자기 비하와 열등감이 쌓이게 된다. 결국 쌓인 욕구 억압은 분노와 반항으로 나타나거나 자기희생적 인생각본을 가지고 평생을 살아가기도 한다.

근본적으로 착하다는 것은 나쁜 것은 아니다. 세상에 착한 사람들만 있으면 아무 일도 일어나지 않는다. 그러나 착한 사람을 이용하려고 하는 사람이 있기에 우리는 착해지지 않으려고 하는 슬픈 현실을 보게 된다.

치유 일기

영주는 무표정이고 아무 말도 하지 않았다.

"참 힘들었겠다. 이제 착하지 않아도 돼."

이 말을 해주자 고개를 들어 그렁그렁해진 눈으로 쳐다본다.

"하지만 남의 물건을 훔치는 것보다 너의 생각을 정확하게 말하는 것이 좋지 않겠니?"

영주는 자신이 솔직한 마음을 말하면 엄마가 자신을 버릴 수도 있다고 했다. 엄마에게 인정받지 못하면 스스로 견디지 못할 것 같았다.

영주와 엄마 둘 다 치유가 필요했다.

착한 아이 증후군을 치유할 때 주의해야 할 것이 있다. 착한 아이가 싫다고 악한 아이가 되라는 것이 아니다. 이유 없이 반항하고 악한 행동을 하라는 것은 아니다.

아무 때나 착해야 하는 것은 아니고 부당한 대우를 받거나 화가 날 때도 착하면 안된다는 것이다. 강압적인 폭력에도 착하라고 강요하는 것이 문제인 것이다. 착한 것과 굴종을 구별해야 진정 착한 사람이 되는 것이다.

식민지를 경험했던 나라에서 착한 아이 콤플렉스가 많이 나타난다. 왜냐하면 강대국 사이에서 착하게 말을 잘 들어야 별 탈 없이 지낼 수 있기 때문이다. 지배층이 교육의 방향을 그렇게 설정하기에 한국인에게는 한이 있고 늘 피해 의식이 있고 평화를 사랑해야 하고 착하게 사는 것이 미덕이 된 것이다.

그러나 부당한 횡포에는 대항해야 하고 교묘한 술책으로 압력을 행사한다면 당당하게 거부를 해야 한다고 교육해야 한다.

바보와 선한 것을 구별해야 하는 것이 치유의 방향이다.

이런 관점에서 볼 때 좋은 글이라고 하는 푸쉬킨의 〈삶〉은 착한 아이가 되도록 강요하고 있다. 이제는 〈삶〉을 다시 새롭게 써야 한다.

삶이 그대를 속이면 그대는 화내지 말아야할까?
그대는 왜 삶이 나를 속였나 누가 그렇게 만들었나 생각하라
슬픈 날은 참고 견디기보다 발산하라
즐거운 날은 올거라고 막연히 기다리기보다 오늘 즐겁게 하라
마음은 미래를 바라보더라도 현재도 즐거워야 하는 것

착한 아이들은 성장해 가면서 스스로의 만족보다는 다른 사람의 평가에 민감하게 된다. 감정 표현이 어렵기에 이들이 하는 말을 잘 귀 기울여 주고 따뜻하게 수용해주는 것이 필요하다.

엄마에게는 착한 아이 증후군에 대해 설명하고 착하다는 것이 결코 좋은 것이 아니라는 설명을 했다.

"진짜 착한 것과 착한 척 하는 것은 다릅니다. 자꾸 착하다고 하면서 말 잘 듣는 바보를 만들면 언젠가는 터집니다."

Frozen, 2013 감독:Chris Buck/ Jennifer Lee
제작 : Walt Disney Animation studio, Walt Disney Pictures
수입 배급사 : 소니픽쳐스 릴리징 월트디즈니 스튜디오스 코리아㈜

2014년 모든 아이들이 영화 주제곡인 'Let it go'를 부를 정도로 인기 몰이를 했던 '겨울왕국'이라는 애니메이션이 상영되었다.

엘사는 부모 말을 잘 듣는 착한 아이다. 조금 더 정확하게 말하면 부모는 감정을 숨기고 말썽 피우지 않는 착한 아이로 있기를 강요한다.

그녀에게는 만지는 것 모두를 얼게 만드는 능력이 있다. 능력을 이용해 동생을 돌보면서 자주 놀아준다. 그러다 동생 안나를 다치게 만들면서 부모에게 꾸중을 듣고 죄책감으로 고립된 생활을 자처한다.

안나가 언니 엘사의 방문 앞에서 부른 노래가 'Do you want to build a snowman?' 이다. '같이 눈사람 만들래?'

불의의 사고로 부모님을 잃고 왕국의 왕비가 된 엘사는 오랜 시간 닫혔던 성문을 열게 된다. 그때 동생이 사랑에 빠지고 안나와 갈등이 생긴다. 늘 행복하지 못했던 그녀는 자신이 살던 아렌델 성을 빠져나와 과거와 결별한다.

엘사는 나쁜 마음을 먹을 때 감정 통제가 안되고 위험스러운 마법이 나온다. 더 이상 자신의 감정을 숨기지 않았다. 자신만의 겨울왕국을 만들어 열창하던 노래가 바로 'Let it go'다.

"Be the good girl you always have to be / 늘 그래왔던 것처럼 착한 아이가 되어야 해, Conceal, don't feel. don't let them know/ 숨겨야 해, 느끼지 마, 그들이 알게 하지 마"

― Let it go 노래 가사 中―

억압된 감정은 어떠한 형태로든 폭발한다는 것을 잊으면 안 된다.

Tip 착한아이 증후군 관련 자료

- 영화 : 겨울왕국(2014) / 가족의 탄생(2006) / 너는 착한 아이(2016)/ 블랙스완(2010) / 인사이드 아웃(2015)
- 드라마 : 신데렐라 언니(KBS, 2010)
- 책 : 착한아이 콤플렉스(샨티,조안루빈-뒤치) / 착한 아이로 키우지 마라(카토 다이조)

5장. 충격 받은 나
외상 후 사건 증후군

외상 후 스트레스 장애(Posttraumatic Stress Disorder, PTSD)는 삼풍백화점 붕괴사고, 세월호 사건 등과 같은 생명을 위협하는 심각한 외상적 사건에서 심리적으로 충격을 받은 후 불안 상태가 지속되는 것을 말한다. 증세는 개인에 따라 충격 후에 나타나거나 수일에서 수년이 지난 후에 나타날 수도 있다. 정신적 외상을 경험하였다고 모든 사람이 같은 증상이 나타나지는 않는다. 사회적 환경, 피해자의 성격과 생물학적 취약성 등이 영향을 준다. 상황에 따라 개인이 스트레스를 어떻게 받아들이는지에 따라 개인차가 있다.

사람들과의 관계에서도 외상을 겪는데 타인에 의해 학대를 경험했을 때 충격으로 '트라우마(Trauma)'에 빠진다.

큰 충격 정도는 아니어도 자존감을 잃고 위축되게 만드는 일상에서 소소한 경험이나 사건들이 있다. 타인은 별것 아니라고 생각할 수 있는 문제가 본인은 쉽게 풀리지 않는다. 부정적인 영향은 마음에 상처를 주게 되고 이때 우리는 '스몰 트라우마(small trauma)' 빠지게 된다. 누군가에게 이해받지 못하거나, 무시당한 경험, 수치심, 죄책감, 불안 등 여러 감정과 사건들을 잘 달래주고 치유하는 방법을 알아보자

정신적 충격으로 너무 괴로워 : 외상 후 스트레스 증후군

– 너무 걱정하지 마. 아무 일도 안 일어나

과거 부모의 정서적 학대로 괴로워하는 순영 씨

25세 순영 씨는 어린 시절부터 어머니가 자신을 미워했다고 기억한다. 두 분 사이가 좋지 않아 아버지를 닮은 자신을 동생들과 자주 편애했다. 부모님 이혼 후 순영 씨는 독립한다. 그녀는 22살에 주류회사에 경리로 들어갔고 주류를 배달하는 남편과 만나 결혼했다. 무능력하고 가정에 소홀했던 남편과는 1년 만에 이혼한다. 친구들의 도움을 받아 겨우 옥탑방을 구하고 힘든 생활을 이어간다. 친정 부모에게 도움을 요청했지만 거절당하고 마음의 상처는 급기야 자살 시도를 한다.

순영 씨는 다시금 살아보려 애썼고 마트에 취직도 했다. 6개월 정도 지났을 때 귀갓길에 어떤 남자가 쫓아와 뒤에서 덥석 안는 바람에 놀랐다. 외모가 예쁘다 보니 무작정 성추행을 한 것이다. 그 후로는 밖에 나가는 것이 꺼려지고 자꾸 뒤를 보는 버릇이 생겼다.

밤마다 악몽에 시달렸고 문에 여러 개의 잠금장치를 달았다. 불안 증세는 더 심해지는 것 같았고 불면증에 대인관계 기피증까지 생겨 결국 다니던 마트도 그만두었다.

외상 후 스트레스 증후군이란?

생명을 위협할 정도로 충격적이고 두려운 사건을 경험하거나 목격하면 극심한 스트레스가 발생하는 심리적인 반응을 '**외상 후 스트레스 증후군**(Post-traumatic stress syndrome)이라 한다. 대부분 갑작스럽게 일어나며 그 상황이 지나갔음에도 불구하고 계속해서 당시 충격적인 기억이 반복적으로 떠오른다. 공포감으로 인해 그 장소나 활동을 피하거나 제대로 된 숙면을 취하지 못해 일상생활에 지장을 준다.

우리는 살아가면서 자동차 사고, 성폭력, 정서적, 신체적 학대, 지진, 홍수 등의 인재 및 자연재해에 노출된다. 이런 사건들을 경험하고 직면하면서 상처를 감당할 수 없어 트라우마(trauma.정신적 외상)가 생긴다.

스트레스 반응은 개인의 나약함과는 관련이 없다. 대부분 시간이 지나면 천천히 나아지게 되고 곧 적응하게 된다. 오랜 시간이 지났는데도 재경험을 반복적으로 하며 일상생활에 어려움을 느끼면 문제가 된다. 사건과 유사한 자극에도 마치 사고와 같은 정서적 상황을 재경험(reexperience)한다.

불쾌한 기억과 감정을 차단하기 위해 외상과 연상된 생각, 느낌, 대화를 피하려고 한다. 항상 위험에 처한 것처럼 느끼며 경계한다. 신경이 날카로워지며 화를 잘 내고 집중을 못하기에 지나친 각성 증상(hyperarousal)을 보인다.

치유 일기

몇 달째 집에서 나오지 않은 그녀를 친구가 설득해서 나왔다. 그녀는 이야기 속에서 세상이 너무 무섭고 잘 때마다 자신을 안은 남자의 뒷모습이 떠오른다고 했다.

그녀는 남자만 봐도 다 성추행범으로 보여 남자를 피했다. 길 가다가도 남자가 오면 돌아가고 남자를 만날까 두려워 밖에도 안 나갔다. 이는 너무 비약하는 경우인데 김치 안 먹는다고 유치원에서 맞아 김, 자만 들어도 몸서리를 치고 다른 식구까지 못 먹게 하는 것과 같다. 너무 확대 해석하여 지나친 경우이다.

그녀에게 성추행에 대한 공포를 줄이기 위한 인지적 재구성이 필요했다. 무엇보다 성추행에 대한 잘못이 자신에게 있다는 죄책감을 변화시키는 것이 우선이었다.

치유 방법 중에서 '시각화', 라는 것이 있다. 자신의 내면에서 지혜를 주는 안내자를 만들어 이름을 붙이자. 그 안내자가 상처입은 나에게 하는 말을 상상해 보는 것이다.

> "너무 걱정하지 마. 모든 남자들이 나쁜 사람은 아니야. 운이 없었을 뿐이고. 그냥 한 번 넘어졌다고 생각해. 넘어졌다고 안 걸어다닐 수 없잖아. 누구나 몸의 상처는 있어. 그것을 마음으로까지 연결시키지 마. 남자는 나의 부족한 점을 도와줄 수 있는 사람이야."

실제로 구현하는 방법은 글로 쓰든가, 그림으로 그리든가, 녹음해서 들어보면 좋다. 특히 자신의 목소리로 녹음해서 들어보면 무의식의 내면의 목소리를 들을 수 있기에 정말 좋다.

누군가와 같이 할 수 있다면 대화를 나누며 각자의 역할을 맡아 할 수 있다. 내가 안내자가 되고 상대가 상처 입은 나의 역할을 해도 되고 반대로 해 봐도 좋다.

인간에게는 회복할 수 있는 힘이 있다. 심리적 상처를 경험해도 많은 사람들이 외상 사건의 영향에서 회복된다.

영화 이야기 - 레인 오버 미

Reign over Me, 2007 감독:Mike Binder
제작 : Columbia Pictures, Madison 23 (Firm) 배급사 :스폰지
수입 : 소니픽쳐스 릴리징 월트디즈니 스튜디오스 코리아(주)

영화 '레인 오버 미'는 9.11테러 당시 아내와 딸을 잃은 주인공 찰리 파인맨이 등장한다. 찰리는 직업도 만나는 사람도 없이 항상 헤드셋을 끼며 세상과 단절한 생활을 이어간다. 사랑하는 사람들을 잃은 상실의 아픔으로 마음의 문을 닫는다.

폐인이 된 찰리를 우연히 만난 대학 동기 존슨. 너무도 달라진 찰리를 진심으로 도와주려 애쓰지만 찰리는 거리를 둔다. 진심으로 다가가는 존슨에게 조금씩 마음의 문을 열기 시작하는 찰리, 존슨의 소개로 만난 정신과 의사 안젤라는 찰리에게 계속 침묵하기보다는 자신의 이야기를 타인에게 말하기를 조언한다.

결국 찰리는 가족들이 죽은 마지막 날의 진실을 존슨에게 고백한다. 아내가 주방을 리모델링 해달라는 통화에 찰리는 바쁘다는 핑계로 대꾸도 하지 않는다. 그것이 그녀의 마지막이었다. 찰리는 아내에 대한 죄책감을 가지고 있었고 자신이 밉고 싫었다. 무의식적으로 주방에 강박적으로 집착한다. 존슨을 만나면서 찰리는 처음으로 세상과 소통하려 한 발자국씩 내딛는다. 사랑하는 사람을 잃었을 때의 아픔과 남은 사람이 느끼는 고통과 죄책감의 무게가 얼마인지 느껴지게 한다. 쓸쓸하고 아름다운 뉴욕의 가을과 찰리의 모습이 닮아있다. 마음이 아프면서도 따뜻해지는 영화다.

찰리는 자신의 살던 공간의 변화를 줌으로써 새로운 삶을 나아가게 된다. 스스로 치유될 때 우리는 변화되는 것 같다. 자신의 상처를 외면하지 않고 바라봐주고 고통을 누군가에게 이야기할 수 있는 용기가 있다면 트라우마에서 벗어날 수 있다는 것을 기억하자.

Tip 외상후 스트레스 증후군 관련 자료
- 영화 : 터널(2016) / 가을로(2006) / 레인 오버 미(2007) / 밀양(2007)
- 드라마 : 낭만닥터 김사부(SBS,2016) / The K2(tvN, 2016) / 괜찮아 사랑이야(SBS, 2014)
- 책 : 딸에게 주는 메시지(공지영) / 몸은 기억한다(베셀 반 데어콜크)

밀폐된 좁은 공간이 공포스러워 : **폐소공포 증후군**

- 피할 수 없으면 즐기지 말고 피하라

어둠이 무서운 아이 민이

10살 민이는 좁은 공간과 밤에 불을 끄는 것을 무서워한다. 방에 불을 켜야 잠을 잘 수 있고 꼭 엄마 옆에서 잠을 청한다. 유치원에서 아이들과 숨바꼭질 놀이를 하다가 작은 공간에 갇힌 적이 있다.

다행이 5분 만에 찾았지만 아이는 무서운 기억에서 벗어나지 못했다. 그 사실을 민이 어머니는 모르고 있었다. 아이가 잠을 못자고 자신의 방에서 같이 자고 싶다고 했을 때도 이상함을 느끼지 못했다.

초등학교 3학년 초에 아파트 엘리베이터에 다시 한 번 갇히게 되면서 아이의 증세가 도드라졌다. 엄마와 같이 있었는데도 불구하고 아이는 사시나무 떨듯 떨었고 불안해했다. 다행히 10분 만에 엘리베이터를 고치고 무사히 둘 다 나왔다.

그 후로 아이는 혼자 엘리베이터를 타지 못해 9층을 걸어서 올라간다. 어머니가 괜찮다고 말을 해줘도 민이는 믿지 못한다.

폐소공포 증후군이란?

'**폐소공포 증후군**(claustrophobia syndrome)'은 라틴어 'claustrum (좁은 곳, 밀폐된 곳)'을 의미하는 단어와 그리스어 'phobos(공포증)'을 합친 개념이다. 좁고 막힌 공간에 갇혀 있는 것에 대한 지나치게 공포감을 느끼며 견디지 못한다. 다른 명칭으로는 '밀실 공포'라고 부른다.

사람마다 느끼는 공포의 대상은 다르다. 좁은 공간 혹은 공간은 넓어도 창문이 없을 때, 사람이 많은 곳, 답답하거나 두렵다고 느끼는 곳에서 발생한다. 식은땀이 나며 호흡곤란 증상을 동반하며 심할 경우 비명을 지르거나 발작을 일으킨다. 심장이 터질 것 같은 고통을 호소하다가 기절하기도 한다. 공포를 느끼게 하는 공간을 회피하는 것으로 상황을 직면하지 않기도 한다.

사건 장소에서 벗어나면 일시적으로 감정이 해소되는 것처럼 보이나 실상은 그대로 있다. 과거 이불 속, 장롱 등 밀폐된 공간에 갇혔던 기억이 있는 경우, 비슷한 공간에서 그때의 기억과 느낌이 연합되어 나타난다. 레몬즙이 공중에 퍼지는 장면을 보는 것만으로 입에 침이 고인다. 과거 레몬을 먹었던 경험과 조건화가 되어서 반응하는 것이다. 패닉 상태의 감정이 현재의 장소와 맞물려 통제 불능의 상태가 되면 공황장애로까지 이어진다.

우리 옛 속담에 "자라 보고 놀란 가슴 솥뚜껑 보고 놀란다."는 말이 있다. 비슷하거나 같은 상황에 더 긴장하고 놀라게 된다는 거다.

폐소공포증의 유형은 탈출이 불가능한 장소에서만 불안발작을 느끼는 경우와 탈출 여부에 상관없이 불안발작을 일으키는 경우다. 후자인 경우가 좀 더 심각한 수준으로 볼 수 있다.

치유 일기

민이는 처음에 많이 낯설어했다. 이내 두리번거리고는 주변에 장난감과 클레이를 보고 있었다. 클레이를 주자 민이는 색깔대로 써도 되는지 질문을 하고는 열심히 만들었다. 자신이 좋아하는 꽃도 만들고 캐릭터 얼굴도 만들고 재미있어했다.

우리는 어둠에 대한 이야기를 했다. 민이에게 '괴물들이 사는 나라' 책을 읽으면서 자기 언어훈련과 어두워지면 즐거운 사람들이 나오는 상상을 해보는 놀이를 했다. 검은 도화지에 자신의 얼굴을 붙이고 스티커를 붙여보기도 했다. 만화 중 '몬스터 주식회사'를 민이와 같이 보았다. 영화 속 괴물들은 어딘가 모르게 부족하다. 하나도 무섭지 않고 심지어 귀엽기까지 하다. 아이들을 무섭게하기 위해 놀래키지만 매번 실패한다. 민이는 영화가 재미있는지 연신 웃었다.

어둠의 공포는 무엇인가 나타날 것 같은 두려움. 밀폐된 공간에서의 두려움은 죽을지도 모른다는 생존과 관련된 공포다. 민이는 두 가지에 대한 공포와 두려움을 줄여나가는 훈련이 필요했다. 아이의 방도 예쁘게 바꾸고 민이도 무서운 공포에서 극복해보기로 같이 약속했다.

치유 방법은 크게 두 가지이다. 피할 수 있으면 피하고 피할 수 없으면 적응연습을 해야 한다. 엘리베이터 타기 힘들면 아래층으로 이사 가면 되고 컴컴한 곳이 싫으면 밤에도 불을 켜고 자면 된다.

그러나 극복을 하고싶다면 재미있게 하면 된다. 요즘 유행하는 방탈출 게임을 해보는 것도 좋다. 주의할 것은 쉬운 것을 해야지 어려워서 실패한다면 오히려 안 좋아질 수 있으니 보호자와 같이 하고 잘 찾으면 성취감을 느낄 것이다. 자신감을 가지면 조금씩 비슷한 상황을 만들고 시간을 늘려가는 방식은 효과가 있다.

좁은 공간에 대한 인식을 바꾸는 것도 중요하다. 어떤 사람은 좁은 공간을 오히려 엄마 자궁처럼 편안하게 느끼는데 어떤 사람은 왜 공포로 느낄까? 엄마 자궁으로 다시 돌아갈 것 같은 무의식이 크게 작용하여 소멸될 거 같은 공포를 느끼기에 그렇다. 이 때는 정서적 자존감을 심어주는 것이 중요하다.

"넌 소중한 아이야." 이런 어조로 계속 전달하면 좁은 공간에서도 공포를 느끼지 않을 수 있다.

영화 이야기 - 터널

영화 '터널'은 밀폐된 공포에 대한 내용이다. 주인공 정수는 큰 계약건과 딸의 생일을 앞두고 집으로 가던 중 갑자기 무너진 터널 안에 갇힌다. 그에게는 주유소에서 받은 물 2병과 딸에게 주려고 산 케익이 전부다. 매몰된 채 구조를 기다리지만 조금만 움직여서 여기저기 무너져 내리는 상황에 긴장된다.

희망의 끈을 놓지 않고 버텨보지만 17일째 구조가 지연되자 점점 불안감이 밀려왔다. 가지고 있던 식량도 다 떨어지고 이제는 버티기가 어렵다. 정수는 숨이 차고 가슴이 답답한 신체적 증상과 극심한 공포를 경험한다. 우여곡절 끝에 무사히 구조되어 일상으로 복귀된다.

우리의 뇌는 엄청나게 공포를 느꼈던 경험을 결코 지나치지 못한다. 정수는 터널을 지날 때마다 불안한 마음과 공포를 느낀다. 아내의 도움으로 조금씩 극복해가며 영화는 끝난다.

정수의 아내처럼 극복하는 동안 괜찮을 거라는 믿음을 줄 수 있는 대상이 옆에서 많이 도와주어야 한다.

터널, 2016 감독:김성훈
제작 : 어나더 썬데이, 하이스토리, ㈜비에이엔터테인먼트 배급사:(주)쇼박스

Tip 페소 공포 증후군 관련 자료

- 영화 : 클라우트로포비아 : 페소공포증(2011) / 패닉룸(2002) / 터널
  (2016)
- 드라마 : 시크릿가든(SBS, 2010) / 부탁해요 엄마(KBS, 2015)
- 책 : 페소공포증(안드레아 페리)

사랑하는 사람을 잃으니 너무 슬퍼요 : **상심 증후군**

- 슬픔은 나누면 0, 온몸으로 발산하라

조카를 잃은 슬픔에 빠진 진미 씨

진미 씨는 20살 아들을 두고 있다. 큰집에는 24살의 조카가 있는데 진미 씨 아들과 매우 친했다. 어릴 때부터 형제처럼 지내다가 대학생이 된 조카는 독립하여 혼자 살면서 아들과 더불어 같이다녔다.

아들이 고 3이 되고 대학 입시로 바쁘다보니 형에게 자주 연락하지 못했다. 진미 씨는 아들이 형과 연락이 되지 않는다고 말해 큰집에 전화를 걸었다. 아들과도 친했지만 유난히 자신과도 이야기가 잘 통했던 조카라 마음이 쓰였다.

아들은 그렇게 바쁜 대학 생활을 이어갔고 몇 주 지나서 진미 씨에게 큰집에서 연락이 왔다. 진미 씨는 다급한 마음에 큰집으로 갔고, 조카가 자살했다는 말을 듣는다. 이유에 대해서는 잘은 모르겠지만 다단계에 빠져서 빚을 많이 졌다는 거였다. 너무 놀라기도 하고 어릴 때부터 본 아이가 죽었다고 하니 충격이 컸다. 무엇보다 자신의 아들에게 이 사실을 어떻게 알려야 할지가 걱정이었다.

상심 증후군이란?

사랑하는 사람이 사망하거나 충격적인 상황은 극도의 스트레스를 경험하고 심한 가슴 통증으로 인해 곧 심장마비가 올 것 같은 느낌을 '**상심 증후군**(broken Heart syndrome)'이라 한다.

타코츠보 신드롬(Takotsubo syndrome)이라 부르기도 하는데 타코츠보는 문어를 잡을 때 쓰는 항아리 모양의 덫이다. 상실감을 경험했을 때 심장의 모양이 그렇게 보여 붙여진 이름이다.

마음의 고통은 신체까지 영향을 미쳐 실제로 아픈 마음은 정신이지만 몸도 아프다고 착각한다. 특히 사랑하는 사람을 떠나보낸 아픔은 뜨거운 커피를 무릎에 쏟았을 때 정도의 고통이라고 한다.

극심한 호흡곤란과 가슴 통증 등의 증상이 나타나는데 심근경색과 유사하다.

치유 일기

진미 씨는 자신이 어떤 판단을 내려야 할지 고민이다. 아들이 받을 상처가 너무 컸다. 자신도 이렇게 힘든데 아들에게 숨기고 싶었다. 분명 얼마 안 가서 아들은 알게 될 것이고 모르게 할 수 없을 거라 했다.

대신 자살이 아닌 교통사고로 이야기하는 것이 맞는지 결정 내리기 힘들다. 가족 모두 자살을 했다는 사실을 숨기고 있다. 진미 씨는 어떤 결정이 아들의 고통을 최소로 할지 망설여진다. 교통사고라고 말한 뒤 아이가 진실을 알고 거짓말을 한 자신을 혹시라도 원망할까 걱정이다.

그녀도 조카를 잃은 슬픔에서 벗어나지 못하고 있었다. 그녀부터 애도의 시간이 필요했다. 진실을 말해주는 것이 좋겠다고 했다.

누군가 죽었을 때는 바로 충분히 애도의 시간을 가져야 한다. 나중에 알게 되면 애도의 시간을 갖지 못했기에 더 큰 후유증으로 남는다. 당장은 충격을 받겠지만 같이 애도하면 슬픔이 덜어진다.

나중에 알려주면 애도의 시간이 없었기에 아들은 조카를 마음 속에서 떠나보내지 못하고 아직 살아있는 것으로 착각한다. 그럼 두고두고 슬픔에 잠겨 이야기할 것이다.

장례절차는 죽은 사람을 위해 있는 풍습이 아니고 산 사람이 건강하게 살기 위해 생긴 풍습이다.

애도하는 과정이 치유하는 것이다. 슬픔을 참지 말고 죽음을 인정하고 다같이 조카를 기꺼이 보내주면 트라우마가 남지 않는다.

존경하는 상담심리전문가 중 한 분이 '천국으로 거는 전화'를 집단에서 진행한 적이 있다. 그때 신선한 충격이었고 마음이 따뜻하고 뭉클했던 기억이 났다. 그녀에게 다이얼로 돌리는 전화기를 앞에 두고 아무 번호로 돌려보라 했다. 어떤 번호든 전화는 천국으로 걸린다. 수화기 너머 조카가 있으니 하고 싶은 말을 해보라 했다. 수화기를 들고 오열하던 그녀의 모습을 잊을 수가 없다.

미국의 심리학자 제임스 페니베이커(James Pennebaker)는 **다른 사람에게 말로 털어놓거나 경험을 공유하는 것, 비언어적인 표현이 유익하다고 말한다. 부정적인 정서를 공유하는 것이 긍정적인 정서에만 초점을 맞추는 것보다 훨씬 해결 과정에 도움이 된다.**

정신의학자 제임스 린치(James Lynch)는 사랑을 체험할 수 있는 따뜻한 접촉이 긍정적인 효과가 있다고 말한다.

영화 이야기 - 아들의 방

The Son's Room, 2001 감독:Nanni Moretti
제작 : Le sthdio Canal 수입 : 제이넷 이미지 배급사 : CJ엔터테인먼트

'아들의 방'은 심리치료사인 조반니와 아내, 10대 아들, 딸이 등장한
다. 조반니는 아들 안드레아의 행동이 늘 만족스럽지 못했다. 아들과 좀
더 시간을 보내기 위해 일요일에 가족 모두와 조깅을 하러 가기로 한다.
안드레아는 친구들과 바다에 가기로 약속이 있었지만 가족과 함께 하기
위해 취소한다.

조반니는 상담하던 내담자 중 한 명이 다급히 전화가 오는 바람에 할
수 없이 가족과 약속을 지키지 못한다. 가족들은 각자의 스케줄로 움직

이고 안드레아 역시 친구들과 짐을 챙겨 바다로 떠난다. 그날 귀갓길에 집에 전화하지만 아무도 받지 않는다. 그리고 울리는 불길한 예감의 전화는 혼자서 스쿠버 다이빙을 하다가 익사했다는 아들의 비보였다.

아들과 그날 같이 조깅을 갔었다면 죽지 않았을 것이라는 생각이 그를 괴롭혔다. 상심에 빠져 있던 가족들에게 알지 못했던 안드레아의 여자친구 아리아나의 편지가 도착한다. 답장을 쓰지 못하는 조반니를 대신해 아내는 아들의 죽음을 전한다.

아리아나는 자신을 보고 싶어 하는 안드레아의 가족을 위해 기꺼이 프랑스로 여행을 가던 중 집에 들른다. 아리아나가 가지고 있던 안드레아의 사진을 보면서 아들의 과거를 추억한다. 조반니와 남은 가족끼리 서로 감싸 안으며 고통을 극복하는 것으로 영화는 끝난다.

가장 마음 아픈 것은 사랑하는 사람을 잃기 전에 더 많은 것을 해주지 못했다는 죄책감일 것이다. 고통 속에서 머물러 있다고 해서 죽은 사람이 기뻐하지 않으니 그 몫까지 기억하며 열심히 살아주면 될 것 같다.

Tip 상심 증후군 관련 자료

- 영화 : 세상의 중심에서 사랑을 외치다(2004) / 5쿼터(2011) / 아들의 방(2001)
- 드라마 : 미녀의 탄생(SBS,2014)
- 책 : 상심증후군(제스 로덴버그) / 매력적인 심장 여행(요하네스 폰보로스텔) / 브로큰 하트 신드롬(심이령)

필요없는 물건을 저장하고 집착해 : **저장 강박 증후군**

– 작은 관심과 다정한 물음이 필요해

특정 물건에 집착했던 아이 선영이

지금 중학생인 선영이는 유치원 때 처음 가지고 놀던 장난감을 그대로 들고 집으로 왔다. 부모님은 아이를 혼내고 몰래 다시 장난감을 갖다 놓았다. 그 이후로 괜찮다가 초등학교 고학년 때부터 친구들의 지우개나 화장품 등을 가져오기 시작했다. 6학년 때 반 아이의 화장품을 가져왔고 그 아이가 담임에게 이야기하면서 일이 커졌다.

그 사건 이후 어머니는 아이에 대한 불신이 커졌고 신영이를 믿지 못했다. 어느 날 신영이 방을 정리하다가 몇 개의 큰 상자들을 보았는데 그 안에 지우개가 가득 들어 있었다. 모두 포장이 뜯지 않은 지우개들이다. 본인이 그냥 사서 모은다고 생각하고 대수롭지 않게 넘어갔다. 그 후에 중학교 담임에게 전화가 왔고 신영이가 친구들의 지우개 중에 새것만 훔쳐 간다는 이야기를 들었다.

아이를 추궁했고 상자 안에 있던 지우개들 중 대부분이 훔쳐 온 것임을 이야기 했다. 신영이는 새 지우개만 보면 훔치고 싶은 욕구가 생긴다고 했다.

저장 강박 증후군이란?

'저장강박 증후군(compulsive hoarding syndrome)'은 습관이나 절약 또는 취미로 물건을 수집하는 것과는 다르게 무조건 물건에 대한 집착을 보이는 현상이다.

저장 강박을 가진 사람은 내면의 개인적 정체성을 확보하기 위해 다른 사람에게 보여주기 위함이 아니라 자신의 정체성의 일부라고 느끼며 모은다.

사물에 대한 지나친 집착은 소유에 대한 독특한 믿음이 있고 의미 부여한다. 심리적인 요인이나 충격적인 사건에 의해서도 나타난다. 가끔 TV에서 보면 자신의 집안을 쓰레기로 뒤덮어버리고는 정작 본인은 인식하지 못하는 경우가 많았다.

좋아하는 물건을 수집하는 것은 저장 강박과는 다른 의미다. 수집은 자기만족과 기본적으로 타인에게 외면적으로 과시하고 싶어 하는 마음이 있다. 저장 강박은 물건 자체가 자신이라고 믿기에 사람들에게 보여주는 것에는 관심이 없다. 실제 가치와 상관없이 소지품을 버리거나 분리되는 것이 어렵다.

동물을 모으는 애니멀 호딩(Animal hoarding)은 유기견을 데려오지만 제대로 된 관리가 이루어지지 못한다. 유통기한이 지난 음식을 버리지 못하는 푸드 호딩(Food hoarding), 이메일에 사진, 동영상 등 일단 수집한 것을 버리지 못하고 파일을 계속 쌓아두는 디지털 저장 강박 장애(Digital Compulsive hoarding disorder) 등 다양하다.

정서적 결핍은 주변 사람들, 가장 가까운 가족에게 사랑과 인정을 충분히 받지 못할 때 마음이 허전하다. 물건에 과도한 애착을 쏟으며 허전한 마음을 채우는 거다.

치유 일기

처음 유치원에서 장난감을 가져왔을 때 엄마가 자신을 혼내는 행동을 관심이라 믿었다. 부정적인 행동을 해야만 엄마가 움직인다. 아이는 자신의 외로운 마음을 지우개를 수집하는 행동으로 채우고 싶었을까.

저장하는 물건이 보기 싫어 물어보지도 않고 버리면 안된다. 당사자에게는 소중한 물건을 함부로 판단하면 큰 소동이 일어난다.

저장하는 것이 큰 문제가 없다면 그대로 두어도 된다. 그 물건이 다른 사람에게는 의미가 없지만 당사자에게는 의미가 있기 때문이다.

하지만 성인이든 아이든 그 행동 때문에 공간이 부족하다든지, 경제적으로 파산이 된다든지, 남에게 피해를 준다면 치유해야 한다.

대부분 사랑받지 못하여 이런 행동을 보인다. 자녀에게 사랑을 준다고 하여 특별히 무엇을 해 줄 필요는 없다. 기본적인 관심과 다정하게 일상을 물어보고 칭찬만 해 주어도 정서가 안정된다.

성인인데 사랑해 줄 사람이 없다면?

사랑할 사람을 찾아다니든지 사랑을 주고받을 정신적 가치를 찾으면 된다. 독특한 수집을 취미로 가져보는 것도 좋다.

문장 수집 – 읽고 마음이 움직이는 문장을 노트에 적어보고 음미한다. 분류를 잘하면 나중에 책으로 낼 수도 있다. 〈고도원의 아침편지〉가 성공 케이스이다.

영화 포스터 수집 – 극장에 가면 영화를 보지 않더라도 무료로 전단을 가져올 수 있다. 이것을 시기별, 장르별로 모으면 영화사에 기록으로 남길 수 있고 나중에 정신적, 물질적 재산이 될 수도 있다.

기타 라벨 수집, 껌종이 수집, 병뚜껑 수집, 애니주인공 캐릭터 수집 등도 독특하다.

영화 이야기 - 향수

Perfume: The story of a murderer, 2006 감독:Tom Tykwer
제작 : DreamWorks Pictures 수입 : (주)누리 픽쳐스   배급사 : (주)누리픽쳐스

영화 '향수: 어느 살인자의 이야기'에 등장하는 장바티스트 그루누이는 타고난 후각으로 향을 감별하는 천재 조향사다. 기구하게도 태어날

때부터 그는 아무런 냄새가 없었고 누구에게도 사랑받지 못하고 성장한다. 냄새가 없는 자신에게 절망하며 점점 향에 대한 강한 집착과 강박을 갖게 된다.

그러던 그루누이는 좋은 향기를 뿜는 여인을 만나게 되고 냄새에 집착하면서 처음 살인을 저지르게 된다. 인간의 향을 품은 천국의 향수를 만들겠다는 그릇된 욕망은 도덕과 윤리를 저버린다. 급기야 연쇄살인을 통해 향을 채취하고 수집하면서 자신이 원하던 향수를 만드는데 성공한다. 살인이 발각되고 사형장으로 끌려가는 그루누이는 자신이 만든 향수를 뿌린다.

향이 퍼질수록 오히려 사람들은 그루누이를 경배하는 행동을 보인다. 향이 담긴 손수건이 그루누이 손에서 떠나자 대중들은 손수건만을 응시한다. 그루누이는 자신의 삶이 잘못되었다는 것을 깨닫는다. 처음 살인을 한 여인을 떠올리며 그곳을 떠나 고향으로 온다.

허름한 빈민가 그루누이는 남은 향수를 모두 뿌리고 거리로 나가자 사람들이 몰려와 그를 뜯어먹는다. 뼛조각 하나 없이 그의 흔적이 사라지는 다소 기괴한 영화다. 그루누이는 외로웠고 사람들 사이에 섞여서 살아가고 싶었을 것이다. 강박적으로 무언가를 저장하려는 사람의 이면에는 결핍이 있다는 것을 기억하자.

Tip 저장 강박 증후군 관련 자료

- 영화 : 향수(2006) / 편집광(1965) / 폭스캐처(2014) / 몽크(2012)
- 드라마 : 리멤버 - 아들의 전쟁(SBS, 2015)
- 책 : 잡동사니의 역습: 죽어도 못 버리는 사람의 심리학(프로스트, 게일 스테키티) / 멈출 수 없는 사람들(데이비드 애덤)

알코올로 필름이 끊겼어 : 코르사코프 증후군(알코올 중독)

– 가시에 찔린 것처럼 고통스럽다면 장미가 피어날 수 있다

알코올로 고통을 잊고자 했던 미나 씨

20대 후반 미나 씨는 매일 잠 못 이루고 소주를 두 병 이상 마셔야 잘 수 있다. 그녀는 성폭력 피해자였고 충격으로 알코올에 집착하기 시작했다. 몇 년을 그렇게 지내다 보니 건강도 급격히 나빠지고 가끔 피를 토하기도 했다. 술을 마시면 그 전날 자신이 무엇을 했는지 전혀 기억하지 못했다. 심지어 자해조차 기억 못해 핏자국을 보고 놀라기도 했다.

친구의 손에 이끌려 온 미나 씨는 성폭력 이후 제대로 상담을 받아 본 적이 없다. 부모 이혼으로 어머니와 살다가 20세 초반에 독립했다. 마음도 외롭고 힘들었던 그녀는 가정을 빨리 이루고 싶었다.

그러다 지인의 소개로 3살 많은 오빠를 만나게 되었고 다정한 사람이라 생각했다. 그녀는 진심으로 안정된 삶을 원했다. 만난 지 일주일 만에 남자친구에게 성폭행을 당한다. 그 후로 남자도 지인도 연락을 끊었다. 그녀는 잠을 잘 수가 없었다. 조금씩 마시던 술이 횟수와 양이 점점 늘어갔다. 직장 생활도 할 수 없었고 하루종일 집안에만 있었다.

코르사코프 증후군이란?

장기적 알코올 중독으로 인해 뇌 손상 원인이 되어 유발되는 심각한 기억장애를 '코르사코프 증후군(korsakoff's syndrome)'라 한다.

러시아의 정신병리학자 '세르게이 코르사코프(sergei korsakoff)'가 처음 증세를 발견하여 이름 붙였다.

음주 후에 힌트를 주면 몇 몇 장면을 기억하는 브라운 아웃(Brown out)과 필름이 완전히 끊겨 전혀 기억하지 못하는 블랙 아웃(black out) 두 종류가 나타난다. 필름 끊김 현상이 반복적으로 오래 지속되면 술을 마시지 않아도 새로운 경험을 기억해 내지 못한다. 지속성 기억상실에 놓이게 되는데 더 심각해지면 알코올성 치매로까지 발전될 수 있다.

블랙 아웃(black out)은 알코올로 인한 뇌 손상이 이미 진행된 상태다. 알코올은 혈관을 통해 우리 몸에 흡수되는데 뇌는 혈류 공급량이 많아서 다른 장기에 비해 쉽게 손상된다. 필름 끊기는 현상을 대수롭지 않게 넘기면 장기적으로 심각한 뇌 손상을 일으키게 된다.

반복된 음주는 기억을 담당하는 해마에 영향을 미친다. 술이 깨면 해마의 기능이 정상적으로 돌아오기는 하지만 과음이 반복될 경우 뇌의 크기가 수축과 팽창을 통해 손상된다.

필름 끊기는 현상이 지속되면 알코올 섭취를 중단해야 한다는 신호다.

탈무드에 이런 구절이 있다.

"처음 마실 때는 양과 같이 온순해지고, 조금 더 마시면 사자처럼 포악해지고, 더 마시면 돼지처럼 추잡해지며, 그 이상 더 마시면 원숭이처럼 춤을 추어대고 노래를 부르게 된다. 이는 악마가 4가지 동물의 피를 취해 인간에게 준 선물이기 때문이다."

치유 일기

미나 씨는 무기력했지만 살려는 의지가 있었다. 지금이라도 찾아 온 그녀가 너무 고마웠다. 나는 질문했다.

"술 마시는 이유가 무엇인가요?"

"너무 괴로워요. 그런데 술 마시면 괴로움이 사라져요."

"그건 괴로움이 사라지는 것이 아니라 잠시 도피하는 것이고 깨면 다시 술 마시고 괴로움이 커지죠? 이렇게 생각해 보면 어떨까요? 지금 가시에 찔린 것처럼 고통스럽다면 장미가 피어날 수 있다는 것이고 지금 어둡다면 밝은 보름달이 떠오를 수 있다고."

실용적으로 도움이 될 술끊기 관련 책도 권했다.

『술 끊기 100일 프로젝트 - 알콜중독에서 탈출하는 법』(김우태)

저자가 실제로 알콜 중독에서 벗어난 체험담을 토대로 100일 동안 책대로 실천하면 중독에서 탈출할 수 있다는 실용서다.

이 책은 100일간 매일 한 꼭지씩만 읽으면 된다. 매일 꾸준히 실천하는 것이 중요하다. 읽기에서 끝내서는 효과가 없다. 꼭 자신이 글을 써야만 한다.

"매일 금주에 대한 글을 쓰는 거다. 어떤 글이라도 좋다. 푸념도 좋고, 욕도 좋고, 각오도 좋고, 실패담도 좋고, 성공담도 좋고, 술에 대한 그리움도 좋고, 술에 대한 혐오도 좋다. 술에 관계만 된다면 어떠한 글이라도 힘을 발휘할 수 있다. 술자리에서 있었던 안 좋은 기억들을 적어도 좋고, 술을 마신 뒤 일어난 사고에 대해 써봐도 좋다."

저자가 운영하는 카페에 가서 글을 쓰면서 금주를 실천하면 도움을 많이 받을 것이다 http://cafe.naver.com/noalcohol100

영화 이야기 - 가장 보통의 연애

가장 보통의 연애, 2019 감독:김한결
제작 :영화의 집   배급사 : 넥스트엔터테인먼트월드

영화 '가장 보통의 연애'에는 전 여자 친구와 헤어진 후 괴로움으로
술만 마시고 살아가는 재훈이 있다. 그는 괴로울 때마다 술을 마신다. 중
요한 건 술을 마시고 필름이 끊기면 길거리에 있는 간판을 가져오거나
길고양이 등 데려와도 전혀 기억하지 못한다.

재훈이 다니는 회사에 신입사원 선영이 입사하게 되면서 둘의 관계가
시작된다. 여느 때처럼 술을 취하도록 마시고 선영에게 전화 걸어 2시간
이나 자신의 이야기를 하지만 기억하지 못한다. 아침에 자신의 전화 목

록을 보고 놀라도 이미 벌어진 상태다.

선영 또한 남자친구가 바람을 피워 헤어진 상태지만 회사까지 와서 고백한다. 그런 남자친구의 모습을 재훈이 보게 되면서 선영의 연애사를 알게 된다.

두 사람은 술이란 매개체로 가까워진다. 선영은 단톡방에서 자신의 험담을 듣게 되고 회사를 그만두게 된다. 재훈과 선영은 헤어지지만 어느 날 술자리에 재훈과 했던 이야기들이 TV광고를 통해 나온다. 그녀는 재훈이 만든 것임을 알고 둘은 재회하고 서로의 사랑을 확인하며 영화는 끝난다.

재훈은 블랙 아웃 현상을 경험하고 있다. 짧은 시간 동안 많은 양의 술을 마시는 폭음 습관은 블랙아웃 위험성을 높인다. 영화는 로맨틱하지만 실제 상황이라면 알코올성 치매로 재훈은 병원치료가 시급한 사항이다.

Tip 코르사코프 증후군 관련 자료

- 영화 : 당신이 잠든 사이(1995) / 카논(2016) / 라스베가스를 떠나며 (1996) / 블랙아웃(2005) / 가장 보통의 연애(2019)
- 드라마 : 천일의 약속(SBS, 2011) / 신의 선물(SBS, 2014)
- 책 : 술 끊기 100일 프로젝트 - 알콜중독에서 탈출하는 법(김우태)

6장. 사랑에 굶주린 나
왜곡된 집착 증후군

　존 힝클리 주니어는 영화배우 조디 포스터가 자신을 좋아한다는 망상에 빠진다. 자신이 레이건을 죽이면 조디 포스터가 자신에게 사랑 고백을 할 것이라 생각했다. 레이건과 조디 포스터는 아무런 연결고리가 없지만 망상 환자에게는 비논리적 관계망상이 나타난다.

　현실을 부정하려 잘못된 사실을 실제라고 받아들이는 단계라면 이미 망상장애 상태다. 집착에서 오는 망상의 경우 소유욕으로 인해 발생된다. 질투심이 심하면 집착하거나 애정을 주고받는 일이 제대로 되지 않을 때 상대방을 독점하려고 한다.

　질투심에 근원에는 시기심이 존재하는데 소망하는 것이 채워지지 않을 때 일어난다. 내가 소유하지 못한 것을 다른 사람은 갖고 나는 그럴 수 없을 때 시기심과 질투가 나타난다.

　밸러리 솔라니스는 세계적인 거장 앤디 워홀에게 총을 쐈던 여인이다. 다행히 5시간의 긴 수술로 목숨은 건졌지만 죽을 때까지 후유증에 시달려야 했다. 그녀는 앤디 워홀에 대한 집착과 협박을 평생 멈추지 않았다.

의심하고 감시하고 집착하는 : 오셀로 증후군(의처증 의부증)

- 서로에게 빵을 주되 같은 빵을 먹지 말라

남편의 의심에서 도망치고 싶은 미자 씨

70대 미자 씨의 남편은 심각한 의처증이 있다. 젊었을 때부터 사소한 것으로 미자 씨를 의심하고 다그쳤다. 종종 맞는 일도 있었고 병원에 실려 갔던 적도 있다. 자녀의 양육과 결혼을 위해 긴 세월을 참았고 이제는 남아 있는 여생을 편히 살기 위해 황혼이혼을 결심했다.

남편은 황혼이혼에 거부했고 다른 남자가 생긴 거라 절대 해줄 수 없다고 분개했다. 미자 씨는 남편의 손아귀에서 벗어나고 싶었다. 남편은 자신 뜻을 굽히지 않았고 계속 아내를 의심하였다. 아내는 이제는 늙어 비틀어진 자신을 누가 좋아하냐고 말하지만 남편 귀에는 들리지 않는다.

두 분은 결혼 전에도 각별했고 남편이 아내를 많이 챙겨주었다. 그런 면에 반해 결혼했는데 점점 남편의 집착이 심해져 갔다. 급기야 폭력까지 행하면서 부부관계에 금이 가기 시작했다. 아내는 아이들만이라도 잘 키우고 싶은 마음에 그 세월을 모두 참았다.

자식들이 부모의 이혼을 돕고 싶은 마음에 상담을 의뢰했고 아버지는 자신이 잘못한 게 없다며 오히려 아내를 탓했다.

오셀로 증후군이란?

'오셀로 증후군(othello syndrome)'은 특별한 증거나 이유 없이 배우자나 연인이 부정을 저지른다는 그릇된 믿음을 갖는다. 셰익스피어의 4대 비극 작품 중 하나인 '오셀로'에서 유래되었다. 오셀로는 자신의 열등감으로 아내의 부정을 의심하고 목 졸라 죽이게 된다.

심리학적 용어로 부정망상(delusion of Infidelity, 질투형 망상장애)에 해당된다. 일반적으로는 의처증, 의부증으로 잘 알려져 있다. 망상장애 대부분 일반 사회적 활동에는 지장이 없다. 외적으로는 건강해 보이기도 하여 주변에서도 잘 인식하지 못한다.

질투형 망상 행동은 남자에서 많이 보여진다. 다른 정신과적 증세가 없고 그냥 배우자가 성적으로 부정한 행동을 하여 자신이 피해를 입었다고 생각한다. 부정한 행동이 아니라는 증거가 나와도 믿지 못한다.

심리학자 고든 클랜턴(Gordon Clanton)은 부부나 연인의 질투는 짝을 잃을지 모른다는 두려움을 갖고 있다고 말한다. 배우자에 대한 의심이 가득 차서 일거수일투족을 감시하려 한다. 편집 성향이 강하다면 질투형 망상장애로 발전 가능성이 매우 크다.

편집 성향은 타인을 항상 의심하며 누군가가 자신을 속이려 들지 않을까 불안해한다. 사소한 이유로도 배우자의 부정을 의심하며 없는 증거 수집을 위해 시간을 아끼지 않는다.

상대방에 대한 자신의 애정이 불확실해지거나 사랑에 대해 의혹이 생기면 오히려 배우자를 나무라는 투사적 행동이 나타난다.

사소한 실수도 그대로 넘어가지 못한다. 근본적으로 자신을 사랑하는 법을 몰라 타인의 사랑에 집착한다.

치유 일기

　제 3의 입장에서 본다면 남편이 얼마나 아내를 사랑하기에 그렇게까지 생각하나. 관심도 없고 사랑도 없다면 아내가 누구와 무엇을 하든 상관을 하지 않을 것이다. 이것을 긍정적으로 본다면 일단 남편은 아내를 사랑하고 있는 것이다.

　부부란 무엇인가. 기본 정의를 다시 내려보자. 우리는 부부가 되면 모든 것을 공유하고 서로에게 속한 것으로 생각한다. 이런 생각을 바꾸어야 한다. 부부는 일심동체一心同體라는 말을 강하게 믿는 사람중 유독 의처증, 의부증이 많다. **일심동체라는 말은 어려움을 같이 헤쳐나가라는 의미이지 네 것이 내 것이라는 것은 아니다. 부부는 일심一心은 될 수 있을지 몰라도 동체同體는 아니다.**

　이미 오래 전에 칼릴 지브란이라는 현인이 부부의 자세에 대해 가르쳐 주었다.

　　서로를 사랑하되 사랑을 구속으로 만들지 말라.
　　서로의 잔을 채워주되 같은 잔으로 마시지 말라.
　　서로에게 빵을 주되 같은 빵을 먹지 말라.
　　함께 노래하고 춤추며 즐기되 각자 혼자라는 걸 기억하라.
　　비록 같은 곡을 울릴지라도 현악기의 줄들이 따로 떨어져 있는 것처럼.
　　마음을 주되 서로의 마음까지 붙잡으려고 하지 말라.
　　오직 생명의 손만 그대들의 마음을 붙잡아둘 수 있기에.
　　함께 서 있되 너무 가까이 있지는 말라.
　　사원의 기둥들은 서로 떨어져 있어야 한다
　　참나무와 사이프러스나무는 서로의 그늘 속에서 자랄 수 없기에 상대를 의심하는 사람은 어린 시절 이성에 대해 상처를 받는 경우가 많다. 이럴 때 상처를 보듬어주고 서로를 공격하지 말고 조롱하지 말고 인정해주는 말투와 태도가 필요하다. 서로 응원하고 사랑하는 마음으로 같이 노력해야 한다. 서로가 너무 힘들고 상처를 내는 일이 잦다면 잠시 떨어져 있어 보는 것은 어떨까.

영화 이야기 – 적과의 동침

영화 '적과의 동침' 주인공 로라는 헌신적인 남자 마틴에게 반해 결혼한다. 마틴은 극도의 결벽증과 심각한 의처증 증세로 그녀의 일거수일투족을 감시한다. 집안 물건들이 조금이라도 흐트러지면 참지 못했고 주변이 완벽하게 정리되어 있어야 했다.

로라가 다른 남자 눈에만 띄어도 트집을 잡고 폭력적으로 변하고 때린다. 그런 후에는 선물을 주고 사과하는데 진심이 아니라 성적 욕구를 채우기 위함이다. 그녀는 이런 결혼 생활을 이어갈 수 없어 요트를 타다 죽는 것으로 위장해 마틴을 피해 도망친다.

마틴은 수영을 못하는 아내가 죽었다고 믿었다. 로라와 같이 수영을 배웠다는 여자의 조문 전화를 받기 전까지는 말이다. 로라가 살아있음을 의심하게 된다. 로라는 평온한 생활을 이어가다 엄마의 요양병원을 찾아가게 되고 그곳에서 아슬하게 마틴을 만나지만 들키지 않는다. 마틴은 집요했다. 돈을 걸고 흥신소에 의뢰하여 그녀를 마침내 찾아낸다. 남편의 손아귀에서 벗어날 수 없던 그녀는 극단적으로 마틴을 총을 쏴 죽이는 것으로 영화는 끝난다.

자극적인 전개를 통해 흥미를 주려는 부분은 있지만 그렇게 극단적으로 가는 것은 서로를 위해 좋지는 않다. 영화는 반면교사로 삼고 시대가 바뀌어 주변에 도움을 요청할 만한 기관도 많아 타협점을 찾도록 하는 것이 필요하다.

Sleeping with the Enemy, 1991 감독:Joseph Ruben
제작:RG엔터웍스 수입:이십세기폭스코리아 배급사:쇼박스(주) 미디어플렉스

Tip 오셀로 증후군 관련 자료

- 영화 : 적과의 동침(1991) / 오셀로(1995)
- 드라마 : 사랑을 위하여(KBS, 1999) / 닥터스(SBS, 2016) / 부탁해요 엄마(KBS, 2015)
- 책 : 의처증 남자, 미리 구분할 수 있다(조아정)

백마 탄 왕자님이 나타날거야 : 신데렐라 증후군

– 현실적인 왕자는 자기 분야에서 비전을 가진 사람이다

인생 역전을 꿈꾸는 지아 씨

20대 후반 지아 씨는 한눈에 보아도 참 예쁜 외모였다. 두 달 전 양악 수술을 했지만 여전히 자신의 외모가 만족스럽지는 않았다. 지금보다 더 예뻐져야 했다. 강남에 있는 회사에 다니기 위해 여러 군데 이력서를 넣은 상태다. 외모를 가꾸고 자신을 치장하는 것에 대부분 시간을 보냈다.

그녀는 소위 말하는 '청담동 며느리'의 환상이 있었다. 인생 역전의 꿈을 실현하기 위해 늘 고군분투했다. 부유한 남자들이 자주 간다는 곳을 찾아 정보를 수집하거나 주변 지인들을 통해 알아냈다. 준재벌가와 결혼에 성공한 친구가 있어 더욱 꿈을 버리지 못하고 집착한다.

아르바이트에서 번 돈 모두 옷과 화장품을 사는데 투자했다. 클럽이나 지인들에게 제보를 받고 밤거리를 배회하는 것이 일상이었다. 카드값 때문에 힘들어도 재벌가 남편을 만나면 한 번에 해결될 수 있다는 믿음이 있었다.

지아 씨의 집은 일반적이다. 아버지는 회사 다니시고 어머니는 전형적인 주부다. 남동생은 아직 대학생이다.

신데렐라 증후군이란?

동화 '신데렐라'는 계모와 언니들에게 학대받던 신데렐라가 왕자를 만나 신분이 상승되고 인생이 달라지는 내용이다. 미국의 저널리스트 콜레트 다울링(Colette Dowling)이 '신데렐라 증후군(Cinderella syndrome)'라 이름 붙였다.

신데렐라 증후군의 희망형이나 추종형은 막연히 결혼을 통해 신분 상승을 하겠다는 것을 바랄 뿐이지 실천에 옮기지 못한다. 상상이나 드라마를 통해 대리만족을 느끼는 것이 전부다. 문제는 맹신형인데 조건 좋은 남자를 만나기 위해 처음부터 모든 것을 계획적으로 만들어 움직인다. 때로는 고의적인 행동들로 우연을 가장하여 접근하며 오로지 신분 상승의 목표만 가진다. 성형수술 중독, 망상장애에 빠지게 만드는데 스스로 인지하지 못한다. 터무니없는 인생 역전의 생각은 현실과 괴리감이 깊어지게 되고 우울증에 빠진다.

2012년 '스펀지 ZERO'라는 TV 프로그램에서 한 가지 흥미로운 실험을 했다. 연인 사이에 '여성이 실수로 진열된 상품을 훼손했을 때 남성이 어떻게 해주길 원하는가?'에 대한 질문이다. 50명의 여성 웨딩플래너에게 물었고 그 중 최악의 답변으로 남자친구가 '여성에게 잘못을 지적하고 스스로 해결하게 한다.'를 선택했다.

중국에서는 신데렐라 만들기 학원이 등장하고 유명대학에서 실제로 교육을 한다.

치유 일기

여성이라면 신데렐라 증후군은 정도의 차이가 있을 뿐 누구나 있다.

여성은 자신의 인생을 바꿔줄 왕자님에게 보호받으며 의존하고 싶어 한다. 신데렐라 증후군을 잘 활용하면 도약할 수 있다. 진화심리학에서 보면 원시시대부터 여성은 보호받고 의존하는 유전자가 남아있다.

다만 천형天刑같은 이 본능을 적절하게 발산하거나 자신을 파괴하지 않는 쪽으로 유도해야 한다. 조건 좋은 배우자를 만나고 싶은 욕망을 비난할 수는 없다. 좋은 배우자를 만나기 위해 스스로 자기를 향상시키고 노력하게 되면 이 본능을 올바르게 사용하는 것이다.

동화 '신데렐라'가 나쁜 이유는 노력 하나 없이 요행과 우연히 일어나는 일 뿐이기 때문이다. 이상하게 신데렐라는 울고만 있으면 누군가 와서 도와준다. 그러나 현실은 다르다. 울고만 있으면 세상 사람들은 그대를 비웃을 것이다.

취업 준비 중인 그녀는 강남에 있는 회사는 꼭 들어갈 것이라고 했다. 지아 씨는 당당하고 자신감 있게 말하지만 사실 두려웠다. 혹시나 재벌가로 시집을

신데렐라, 1962년 월트 디즈니 스튜디오에서 제작한 로맨틱 판타지 애니메이션

가지 못하면 어떡하지. 그러나 여기서 두려워하지 말아야 한다. 아무 것도 하지 않고 기다리는 것이 아니라 자기계발을 하면서 노력하며 찾는 것이기에 언젠가는 자기가 찾는 남자가 나타난다.

다만 동화나 드라마 속의 재벌은 현실에서는 없다는 것을 깨닫고 현실

적인 재벌은 다양한 형태로 있다는 것을 깨달으면 된다. 현실적인 재벌
이란 자기 분야에서 최선을 다하고 미래에 대한 비젼을 가진 사람이다.

영화 이야기 - 하녀

하녀 2010 감독:임상수
제작 : ㈜미로버젼, ㈜싸이더스   배급사 : ㈜싸이더스

영화 '하녀'는 상류층 젊은 부부가 사는 대저택에 은이가 하녀로 들어
가면서 이야기는 시작된다. 은이는 이혼 후 힘들게 식당일을 하다가 우
연한 기회를 얻게 된다. 집주인의 아내는 임신 중이고 딸이 하나 있다.
총지배인은 은이가 집 안에서 잘 생활할 수 있도록 규칙을 알려준다.
　돈과 권력은 암묵적인 신분 사회를 만든다. 집주인의 남편 훈을 통해

은이는 욕망을 채우려 하지만 주변 사람들이 눈치 못 챌 이유가 없다. 집주인의 친정어머니는 은이를 죽이려고 시도하지만 실패한다.

그 사건으로 은이가 집주인 훈의 아이를 가진 사실을 알게 된다.

훈의 아내와 장모는 은이에게 낙태를 요구하지만 듣지 않자 먹는 보약에 약을 타서 결국 유산시킨다. 훈도 자신의 아이를 죽인 것에 따지기는 하지만 딱 그 정도다. 은이는 결국 원하는 것을 얻지 못한다. 아마 그녀는 훈을 통해 지금의 생활을 벗어나고 싶었을 것이다. 훈도 같은 마음이었을까? 보란 듯이 그들 앞에서 목을 매달아 자살하는 것으로 영화는 끝난다.

이 영화에 신데렐라 코드가 들어있지만 단순한 해석은 금물이다. 상류층의 욕망으로 상징되는 훈의 책임도 있는 것이다. 훈은 가벼운 외도라고 생각했지만 은이는 심각하게 생각했다. 은이가 자살로 복수를 하려했지만 상류층의 가정은 굳건하다. 이것은 사랑으로 신분을 뛰어넘는 판타지 드라마에 대한 현실적인 진단이다.

Tip 신데렐라 증후군 관련 자료

- 영화 : 하녀(2010) / 귀여운 여인(1990) / 그레이의 50가지 그림자(2015) / 사브리나(1954) / 에버 애프터(1998) / 은밀한 유혹(2015)

- 드라마 : 파리의 연인(SBS, 2004) / 사랑을 그대 품 안에(MBC,1994) / 상속자들(2013) / 천국의 계단(SBS, 2004) / 꽃보다 남자(KBS, 2009) / 커피프린스 1호점(MBC, 2007) / 내 이름은 김삼순(MBC, 2005) / 발리에서 생긴 일(SBS, 2004).

- 책 : 그림 형제의 잔혹동화 비하인드 스토리(엽기편)(2016)

유명인이 나를 사랑해 : 드크레람볼트 증후군(애정 망상)

– 애정결핍일 때 사랑해 줄 생명을 찾자

같은 반 킹카 남자가 자신을 좋아한다는 망상에 빠진 지영

중학교 2학년 지영이는 망상 증세를 보였다. 같은 반에 있는 킹카 남학생이 자신을 좋아한다고 생각했다. 남자친구에게 편지를 받았고 곧 고백을 받을 것이라 믿었고 어떻게 해야 할지 설렌다. 꽤 진지하게 상황을 묘사했으며 정말로 일어난 것처럼 감정을 표현했다. 아이는 학교 내에서 왕따였고 피해 의식이 심해 학교생활 적응이 어려웠다. 남자친구는 편지를 쓴 적도 없고 고백 같은 것을 한 적도 없다.

지영이는 초등학교 4학년 때 부모님의 이혼으로 어머니와 단둘이 살고 있다. 현재 동네로 5학년 때 전학을 오고 낯선 학교에 적응하기가 힘들었다. 새로운 친구를 반겨줄 리 없었고 친구들에게 심하게 왕따를 경험한다. 아이는 큰 충격을 받았고 잠시 학교를 쉬었다.

중학교에 들어와서도 친구가 없는 것은 마찬가지였고 항상 혼자였다. 아이에게 친구들은 관심이 없었고 은근히 따돌림이 시작되었다. 괴로웠지만 말하지 않고 참았다

드크레람볼트 증후군이란?

 '드크레람볼트 증후군(declerambault's syndrome)'은 자신보다 더 높은 사회 경제적 또는 정치적 지위를 가진 타인이 자신을 사랑하고 있다고 믿는 증상이 특징이다. 1921년 프랑스 정신병리학자 가에탕 가시잉 드크레람볼트(Gaëtan Gatian de Clérambault)의 이름을 붙였다.

 유명한 이야기로 50대 프랑스 여성은 조지 5세 국왕이 자신을 사랑하고 있다고 믿었다. 버킹엄 궁의 커튼이 흔들리는 것을 국왕이 자신에게 보내는 메시지라고 주장했다.

 '색정 망상' 혹은 '애정 망상'이라 부르며 연예인 스토킹 사건에서 가장 쉽게 볼 수 있다. 대상과 접촉한 적이 없고 배우자가 있어도 전혀 상관없는 일이다. 진정으로 자신을 사랑한다는 믿음이 확고부동하다.

 환각 현상도 없고 인식 능력에는 아무런 결함이 없다. 오히려 대부분 지적능력이 뛰어나거나 자신의 집착 심리에 논리적 당위성을 부여한다.

 애정 과대망상자의 사랑은 성적인 흥미보다는 이상적인 사랑이나 낭만적인 사랑, 플라토닉 사랑을 추구하기도 한다. 대상에게 집요하게 전화, 문자, 편지, 감시, 추적 등 집착하는 행위가 반복되면서 스토킹 한다.

 신약 성경에 나오는 헤롯왕의 딸 살로메는 요한을 짝사랑한다. 요한이 사랑에 응해주지 않자 참수를 하고 목이 잘린 머리를 끌어안고 엽기적인 춤을 추었다.

치유 일기

 애정 망상은 애정 결핍으로 발생하는 경우도 있으므로 주변에서 따뜻한 사랑을 주는 것이 중요하다.

주변에 애정을 줄만한 사람이 없을 때는 내가 사랑을 줄 반려견을 기르는 것도 좋은 방법이다.

동물 치유는 많은 치유 방법 중 하나로 사람에게 상처받았거나 주변에 사람이 없어 외로운 사람들에게 효과가 크다. 애완견은 사랑을 표현하는 방법을 몸으로 표현하여 본능적으로 친근감을 통해 살아있음을 느낀다. 밖에 나갔다가 돌아오면 사람보다 먼저 달려와 반기면 더없는 행복감을 느낄 수 있다. 반려견을 기르면 마치 아기를 키우는 것 같아 사랑을 베풀게 되고 반려견이 애교를 부리며 안기면 사랑이 무엇인지 알게 된다.

사람은 배신하지만 동물은 마음 상하지도 않고 토라지지도 않고 한결같다는 것은 이미 다 알려진 사실이다.

너무 멀리 있는 사람이 나를 사랑해 주길 바라기보다 가까이 있는 살아 있는 것들이 나에게 사랑을 주는 것도 많다.

줄리는 뉴욕의 맨해튼에서 출판사에서 일하다가 남자친구와의 이별로 충격을 받고 고향인 오하이오로 돌아간다. 그녀는 어릴 때 오빠의 폭력, 부모님의 회피, 나쁜 남자와의 연애 등으로 힘들고 무기력해져 있었다.

그러다가 생후 2개월된 골든 리트리버 '벙커'를 만나면서 큰 변화가 생긴다. 다시 웃음과 삶의 용기를 되찾게 된 것이다.

벙커와 함께 시애틀에서 새롭게 삶을 시작하지만 안타까운 일이 벌어진다. 벙커가 고관절 이형성증으로 수술을 받지 않으면 걷지 못하게 되고 심지어 죽을 수도 있다는 것이다.

이제는 자신의 도움이 필요하게 된 벙커를 위해 줄리는 헌신적인 사랑을 보여준다.

예전의 절박한 사랑은 상대에 대한 집착으로 고통스러웠다. 내 목숨과도 같은 존재를 잃어버리면 어쩌나 하는 심각한 두려움에 시달렸다. 하지만 그렉과는 잠깐 연락이 되지 않더라도 아무렇지 않았다. 같이 있지 않아도 괜찮았다. 누군가를 좋아하는데도 자립심이 유지된다는 것은 내가 알던 사랑과는 달랐다.

－『치유의 개 나의 벙커』(줄리 바톤) 중에서

영화 이야기- 심야의 FM

심야의 FM, 2010 감독·김상만
제작 : 그리고 픽처스,(주)흥필름　배급사 : 롯데쇼핑(주)롯데엔터테인먼트

영화 '심야의 FM'에서는 라디오 영화음악 프로그램을 진행하는 선영을 짝사랑하는 망상장애 환자가 등장한다. 그녀는 딸의 병을 고치고자 미국행을 결심. 마지막 방송을 앞두고 있었다. 오랜 청취자이며 망상장애 환자는 그녀가 라디오 진행을 그만두지 못하게 계속 관심을 끌려고 한다.

몰래 그녀의 집을 침입하기도 하고 가족을 죽이겠다고 협박도 한다. 망상 환자인 연쇄살인마에게 가족을 지키기 위한 그녀의 처절한 사투가 벌어진다. 영화 속 경찰들은 꽤 무능력하다. 오히려 살인범에게 희생이 되고 결국 가족을 지키는 것은 주인공 선영이다.

영화는 선영이 망상 환자 살인범을 총으로 쏴 죽이는 것으로 끝난다. 왜곡된 사랑에 대한 망상과 집착은 결국 난폭하고 잔인한 범죄로까지 이어지며 자신 또한 극단적 죽음을 맞이하기도 한다.

영화는 흥미를 위해 자극적인 전개로 비극으로 끝났지만 현실에서는 이런 일은 거의 나타나지 않는다. 영화와 현실을 구분할 수 있다면 사랑도 현실의 사랑과 머리 속의 사랑을 구분할 수 있다.

Tip 드크레람 볼트 증후군 관련 자료

- 영화 : 심야의 FM(2010) / 히 러브스 미(2003) / 택시 드라이버(1976)
- 드라마 : 사춘기 메들리(KBS, 2013) / 디어마이 프렌즈(tvN, 2016)
- 책 : 이런 사랑(이언 매큐언) / 나는 팬이다(정명주)

나만 바라보라 외치는 관심병 : 뮌하우젠 증후군

- 가끔은 주목받는 생이고 싶다

엄마의 사랑을 모두 받고 싶은 아이 민소

심각한 관심병 환자를 만나본 적은 없다. 애착 결핍된 아이 이야기다. 40대 주부 현정 씨는 12세 아들과 10세 딸을 둔 부모다. 남편은 가정일에 무관심하고 아이 양육은 거의 신경 쓰지 않는다. 현정 씨 혼자서 아이들을 양육하는 일이 버겁다.

큰아들이 8살 때부터 학교에서 문제가 생겨 상담을 받게 되면서부터 딸 민소에게 소원했다. 아들은 ADHD(주의력결핍 및 과잉행동장애) 진단을 받았다. 오로지 어머니는 아들에게 신경을 쓸 수밖에 없었다. 약물치료와 상담이 병행되면서 민소가 거짓말을 자주 하기 시작했다.

민소는 아프다고 학교를 빠지거나 자신이 먼저 오빠의 물건을 망가뜨리고 시치미를 뗐다. 아픈 것도 거짓말이었고 오빠 물건도 민소가 한 것임이 밝혀져서 혼내도 울면서 결백을 주장한다.

간절하게 아니라고 우는 아이를 믿을 수밖에 없었다. 같은 행동이 반복되면서 민소에게 화내기도 했지만 달라지는 건 없다. 가족 모두 자신의 마음을 몰라주니 속상했다.

뮌하우젠 증후군이란?

18세기 독일 낭만주의에 빠져 자신의 무용담을 거짓으로 만들어낸 사람이 있다. 사람들에게 관심을 받고자 했던 카를 프리드리히 뮌하우젠(Karl Friedrich münchausen) 백작이 주인공이다. 루돌프 라스페(Rudolf Raspe)가 〈허풍선이 뮌하우젠 백작의 놀라운 모험〉이라는 책을 출판하며 영화로 제작되었다.

1951년 영국 의사 리처드 애셔(Richard Asher)는 백작의 행동과 환자가 의사의 관심을 받기 위해 병을 꾸며내는 것과 일치하여 '**뮌하우젠 증후군**(münchausen syndrome)'이라 불렀다.

꾀병은 의도적 증상을 만들어 자기의 처한 환경에서 이득을 얻으려는 목표가 뚜렷하다. 실현되었을 때는 멈추지만 관심병 환자들은 다르다. 주변인의 관심을 끌기 위한 행동을 지속한다. 관심을 받기 위해 거짓말이 습관화되고 아픈 모습의 자신을 연기하기도 한다.

심리학자 에이브러헴 매슬로우(Abraham Maslow)가 말하는 생존 욕구중 타인에게 관심을 받고자 하는 마음은 애정 및 소속의 욕구다. 결핍되면 타인의 관심에 집착하고 왜곡된 형태로 나타난다.

대리인에 의한 뮌하우젠 증후군은 대상이 자신이 아닌 타인이 된다. 자신의 가족, 주변 인물, 애완동물 등을 고의로 아프게 한 뒤 극진히 간호한다. 자신의 모습을 타인에게 보여주며 관심받으려 한다.

사회적 뮌하우젠 증후군은 직장, 단체, 개인 간 등 사회생활에서 거짓말을 자주 한다. 상사나 부하직원을 이간질시켜 인간관계를 완전히 망쳐 놓는다. 갈등 문제가 발생했을 때 자신이 해결사로 나타나 존재감이 부각 되는 것을 좋아한다. 거짓말 중독증 환자인 동시에 연기의 달인이라고 할 수 있다.

치유 일기

민소의 마음을 들여다보기로 했다. 얼마나 두렵고 외롭고 버려진 기분으로 소외감을 느꼈을까? 엄마가 자신을 버리지 않을 것이라는 믿음을 위해 부모의 양육 방식의 변화와 협조가 필요했다. 엄마의 편향된 사랑이 문제라는 것을 직시해야 한다.

클레이로 가족 만들기를 해보았다. 각기 장점을 찾아보았고 엄마와 닮은 점 찾기를 했다. 아이는 엄마와 자신이 닮은 점이 많다며 좋아했다. 부모가 노력한다면 세상에 바뀌지 않는 아이들은 없다.

자존감이 높은 사람이 소외되는 상황에서 이 증후군이 많이 발생한다. 그리고 스타의식이 있는 사람들이 많다.

답은 나왔다. 그럼 자존감을 살려주고 **스타성을 살리기 위해 남 앞에 서는 일을 많이 만들면 된다. 노래를 잘 한다면 노래할 기회를 만들어 욕구를 발산시키면 되고 발표를 잘 하면 발표할 기회를 많이 만들어 주면 된다.**

정도 차이만 있지 누구나 관심을 끌려는 본능이 있다. 이것을 병이라는 이름을 붙이려면 남에게 피해를 끼쳐야 한다. 남과 다르게 행동하면 관심병이라고 공격하는 것이 문제이다. 분명 모든 사람은 다르게 태어났는데 같게 행동하고 조용히 있으라고 하니 반발심이 나타나는 것이다.

예술가는 평범하면 존재 가치가 없다. 남다르게 창작하는 것이 생명이다. 그렇다고 예술가를 관심병이라고 하지 않는다. 이상한 것을 만들면 천재라고 하지 관심병이라고 하지 않는다. 결국 남에게 해를 끼치지 않으면 관심병이 아니다. 예술가처럼 하면 되고 예술가로 바라보면 된다.

광고 제작할 때 평범하게 묻혀버리는 광고는 최악의 광고다. 가장 관심을 받고 튀려고 노력하는 분야가 바로 광고이다. 그런데 광고가 병으로까지 가지 않는 이유는 규제가 있고 소비자의 공감을 사면서 독특하게 해야 하기에 극단적으로 가지 않는다.

다이어트 광고 - 천사가 뚱뚱하면 하늘에서 떨어진다는 유머기법(해외)

광고에서 실험적인 기법도 많다. 소리 없이 영상만 내보내면 고장났나, 하면서 관심을 갖는다. 광고처럼 보이지 않고 드라마기법으로 만들어 관심을 끌어내기도 한다. 여기서 배울 수 있는 점은 허용되는 선에서 해야하는 것이 중요하다.

가끔은 주목받는 생이고 싶다. 이 시는 오규원 시인이 광고 카피를 이용해 현대의 속성을 간파한 시인데 요즘은 가끔이 아니고 매일 주목받고 싶은 사람이 많다.

단조로운 것은 生의 노래를 잠들게 한다.
머무르는 것은 生의 언어를 침묵하게 한다.
人生이란 그저 살아가는 짧은 무엇이 아닌 것.
　　　　　　　　　　　　　- 오규원의 〈가끔은 주목받고 싶다〉 중에서

영화 이야기- 미저리

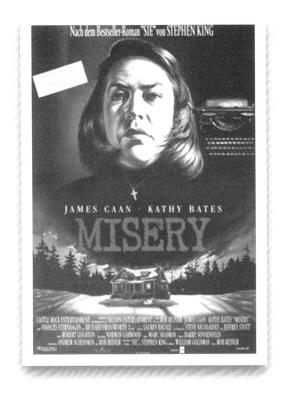

Misery 1990 감독 : Rob Reiner
제작 : Castle Rock Entertainment Nelson Entertainment
수입 : ㈜삼호필름 배급사 : Columbia Ptctures

　영화 '미저리'는 전형적인 '대리인에 의한 뮌하우젠 증후군'을 소재로
다룬다. 주인공 폴은 베스트셀러 작가다. 그는 미저리라는 여성이 등장
하고 결국 죽으면서 끝나는 소설을 탈고한다. 새 작품이 끝난 폴은 귀가
중 눈보라 속에서 교통사고를 당하게 된다.
　다행히 근처에 사는 애니에게 구조되어 집에 오게 되는데 폴의 광 팬
이었다. 애니는 간호사 출신으로 자신이 좋아하는 작가 폴을 위해 극진

히 간호한다. 그녀는 폴의 새 작품인 미저리 소설을 너무 좋아한 나머지 볼 때마다 내용을 전부 외운다.

시간이 지날수록 폴은 점점 회복되어 갔다. 애니는 자신이 좋아하는 소설 주인공 미저리가 죽었다는 사실에 불같이 화를 내며 폴을 가두어 감금한다. 극진히 간호하던 애니는 없고 광기가 시작된다. 그녀는 타자기와 종이를 가져와 결말을 바꾸라고 폴을 협박한다.

폴은 처음에 자신에게 잘 대해준 애니에게 고마움을 느꼈지만 갈수록 자신에게 광적으로 집착하는 애니가 무섭다. 폴이 도망가지 못하게 일부러 다리를 부러뜨리거나 급기야 자신을 구하러 온 경찰까지 죽인다.

그녀는 시시때때로 천사와 악마의 양극화된 모습을 보여준다.

애니는 간호사 시절에도 여러 사람을 죽인 정신 이상자였다. 폴은 애니를 죽이고 그곳에서 탈출한다.

이 영화는 집착에 대한 비극, 소설 속의 인물과 자신을 동일시 하는 망상, 자신이 좋아하는 작가에 대한 스토킹 등 여러 가지 코드로 해석이 가능하다.

Tip 뮌하우젠 증후군 관련 자료

- 영화 : 바론의 대모험(1989) / 늑대의 유혹(2004) / 노부타를 프로듀스(2005) / 착신아리(2004) / 다크 플레이스(2015) / 미저리(1991) / 식스 센스(1999)
- 드라마 : 크리미널 마인드 시즌 5,에피소드 #13(미국드라마, 2009) / 싸인 39회(채널A, 2014) / 몸을 긋는 소녀(미국드라마, 2018) / 웰컴 2 라이프(MBC, 2019)

7장. 현실을 잃어버린 나
정신증적 증후군

과거 정신분열증이라고 말했던 질환을 현재는 조현병이라 지칭하는데 조현은 현악기의 줄을 고른다는 뜻으로 뇌의 신경구조의 이상으로 현악기가 제대로 조율되지 않은 것처럼 혼란을 겪는 상태를 말한다.

조현증세는 15-25세 나타나며 정신증의 원인에 대해서는 100% 밝혀져 있는 것은 아니다. 유전적, 환경적 요인, 스트레스 등이 발병에 영향을 미치는 위험 요소로 나타나고 있다.

겉으로 보이는 외모나 움직임, 행동, 생각, 정서, 인지기능, 신체 기능적 증상 여러 부분에서 다양하게 보여진다.

갑자기 처한 상황이나 현실이 감당할 수 있는 무게를 넘어서게 되면 회피방식으로 망상 세계 속으로 도망쳐 버린다. 우리의 마음 현상들은 '신경증'과 '정신증'으로 구분되어 진다. 신경증은 말 그대로 신경이 예민해서 오기에 흔하게 나타날 수 있다. 감정의 변화가 심하게 오거나 우울, 불안, 공포 등 부정적인 감정을 경험한다. 부정적인 생각으로 인해 주변사람들과의 갈등도 자주 발생하게 된다. 반면 정신증은 예민한 신경과는 다르며 감정이 둔감해지고, 엉뚱한 감정이 바탕이 되는 비현실적인 현상들을 경험한다.

니들이 자해를 알아? : 반 고흐 증후군

– 자해는 살고 싶어서 하는 것이다

자해하는 것만이 방법이었던 수지

수지의 감정변화와 성격에 영향을 미치기 시작한 사건은 8살 무렵으로 거슬러 올라간다. 수지의 아버지는 교회 목사였으며 누가 보더라도 존경받을 만한 사람이었다.

목사 아버지는 딸에게 몹쓸 짓을 하기 시작했고 성적으로 유린했다. 짐승 같은 짓은 중학교 1학년 때까지 지속되었고 아버지의 행동이 무섭고 괴로웠지만 수지는 누구에게도 말할 수 없었다.

현재 15세가 된 수지는 이틀에 한 번 정도로 감정 기복이 나타났다. 조울 상태일 때는 상담 진행이 원활하게 되며 모든 변화할 것처럼 이야기하지만 우울 상태가 되면 자해를 시도하거나 학교를 오지 않았다.

수지는 점점 아버지에 대한 분노가 치밀기 시작했고 자해 행동이 나타났다. 갑자기 달라진 딸의 행동에 어머니는 이해할 수 없었다. 어머니의 끈질긴 설득에 수지가 결국 엄마에게 사실을 털어놓았다.

7년 만에 입 밖으로 꺼내어진 이야기에 어머니는 충격을 받았고 많이 힘들어했다. 어머니는 누구보다 남편을 믿었고 의지했기에 더욱더 배신감이 느껴졌다. 어머니의 힘겨운 결단은 남편을 교도소로 보냈고 응당 받아야 할 벌이었다. 7년 동안 고통스러웠고 힘들었던 수지에게도 치료가 필요했다.

반 고흐 증후군이란?

1888년 크리스마스 이틀 전날, 빈센트 반 고흐는 평소 친하게 지내던 고갱과의 다툼으로 자신의 왼쪽 귀를 자른다. 그 귀를 매춘 여성에게 선물하고는 2주 후 붕대를 감은 자신의 자화상을 화폭에 담는다. 자신의 신체에 심각한 상처를 주는 자해 행동을 화가 이름을 붙여 '반 고흐 증후군(Van Gogh Syndrome)'라 부른다.

반 고흐, 귀를 자른 자화상(1889)

빈센트 반 고흐의 이름 빈센트는 실제로 위로 죽은 형의 이름이었다. 형이 죽고 고흐가 태어났으며 잔인하게도 그의 부모는 고흐에게 빈센트의 이름을 붙여 형처럼 대하며 모든 면에서 잘하길 원했다. 평생을 죽은 형의 이름을 붙여 살아야했던 심리적 압박감이 그를 정상적으로 살 수 없게 만들었는지도 모른다.

극단적으로 칼을 사용하며 자신의 살을 베고, 도려내거나 자르고, 불로 지지기도 한다. 혹은 과도한 문신과 피어싱을 통하여 자해하기도 한다. 정신의학 용어로는 '양극성 장애(Bipolar disorder, 조울증)'에 해당

되며 기분, 에너지, 생각과 행동에 극단적인 변화가 있다.

조증(기분이 상승한 상태)과 우울증(기분이 가라앉은 상태)의 양극단을 오고 가는 기분 변화가 있다. 내가 지금 놀이공원에서 롤러코스터를 타고 있는 기분이라고 생각하면 된다.

조울증과 조현증세 두 가지가 같이 나타나는 환자들 중에는 신체에 심한 결함이 있다고 믿기도 한다. '불구 공포 망상증(기형이나 변형에 대한 비정상적인 공포)'에 시달리는 사람도 있고 환자의 1% 미만이 극단적으로 자기 눈을 도려내거나 성기를 절단하는 등의 자기 상해 행위를 한다니 하니 무섭기도 하다.

심각할 경우 손목을 잘라도 아프지 않은 감각기능의 마비, 상실을 경험한다. 자신의 몸에 상처가 나거나 다쳐도 아무런 두려움도 불안도 느끼지 않는 감정마비 상태가 되니 살아도 살아 있는 것이 아니다.

연세대 심리학과의 조사에 따르면 한국의 여중생 21%가 자해를 시도했다고 한다.

치유 일기

아버지와 완전 분리와 이사 가는 것을 서두르기로 했다. 수지처럼 가족에게 상처를 받거나 힘들었던 경우 남은 부모의 긍정적인 역할이 엄청나게 요구된다. 지금 모든 상황은 수지의 잘못이 아니었다.

자해의 원인은 대체로 다음과 같다.
1) 자신을 처벌하고자 하는 의도로 하는 경우가 있다.
2) 자신의 존재감에 대해 불안하고 항상 살아있음을 확인하고 싶어하기 때문이다.

3) 심리적 스트레스가 너무 심하여 이것을 해소하려고 육체의 고통으로 덜어보려는 의도도 있다.

4) 자신을 배신한 사람에 대한 복수, 공격의 수단으로도 사용한다.

이러한 원인이 해결될 수 있다면 자해를 멈추거나 행동이 줄어들 수 있다. 단, 습관화되지 않았을 경우다.

예를 들면 답답한 정신병원에 장기간 갇혀 있을 때 주먹으로 벽을 쳐서 항상 주먹 끝에는 피가 맺히고 상처가 있는 사람이 있었는데 퇴원하니 저절로 자해를 멈추는 것을 보았다.

이렇게 원인이 분명하게 보이는 것은 해결이 쉬운데 본인이 스스로 바꾸기 힘든 심리적 상황은 주변에서 도와주어야 한다.

자존감이 낮을 때 자해가 나타나면 자존감을 높이는 방법을 찾아보자. 글쓰기 치유의 방법으로 자신의 감정을 인식하고 과거의 고리를 끊고 현재의 자기를 마주하고 바라보는 것이다.

- 지금까지 칭찬 받았던 것은 무엇인가?
- 지금까지 남을 도와주었던 것은 무엇인가?
- 현재 자신이 가장 잘 하는 것은 무엇인가?
- 현재 자신이 가장 좋아하는 것은 무엇인가?

그리고 그 때의 기분을 다시 느끼며 좋은 감정을 다시 재현해 보는 것이다.

자해를 하는 사람들은 살고싶어서 하는 것이다.

자기 몸이 소리치는 소리를 듣고 해방감을 느끼거나 존재감을 확인하는 것이다. 그렇다면 치유의 실마리가 보인다.

자해만 빼고 자기 몸을 일부러 혹사 시키기 위해 신체적 활동을 통해 극한으로 몰아넣는 것이다.

어떤 방법으로 ?

바로 몸을 움직이는 것. 운동이다.

몸이 지쳐 쓰러질 때까지 달리기하거나, 사이클을 타거나, 등산을 하거나, 무거운 것을 들거나, 수영을 하거나, 요가를 하며 안쓰던 근육을 쓰며 육체의 비명을 듣는 것이다. 그럼 몸이 너무 피곤하여 자해하고 싶은 생각은 나지 않을 것이다.

영화 이야기 – 미스터 존스

영화 '미스터 존스'에는 조울증에 걸린 존스가 등장한다. 존스는 환각 상태에 빠져 공중묘기를 보이며 비행 시도를 하는 등 이상행동을 보인다. 결국 연주회에서 난동을 부린 죄로 병원에 가게 되면서 조울증 진단과 함께 의사 리비 박사를 만난다.

박사는 존스의 힘들었던 과거를 보듬어주고 도와주려한다. 의사와 환자의 사랑은 윤리적인 문제가 있다. 리비 박사는 존스를 떠나려 하지만 극단적인 존스의 자살 시도는 다시금 그녀의 발목을 붙잡는다.

계속 존스와 얽히는 과정에서 리비 박사는 존스를 사랑하게 되고 진심이 통하자 그녀는 의사 직업을 그만둔다. 영화에서만 가능하지 실제로 환자와 의사 혹은 상담사가 사랑에 빠지는 경우는 드물다.

다른 시각으로 본다면 사람에게 받은 상처는 사람에게 치유될 수 있다는 원론적인 이야기를 담고 있다.

헌신적이고 무한한 사랑은 가족이거나 타인이어도 괜찮다. 누군가가 나를 믿어주고 진심으로 돌보아 준다는 것은 분명 변하고 싶은 동기가 생기게 만든다.

Mister Jones, 1994 감독:Mike Figgis
제작 : Rastar Productions 수입 배급사 : Tristar Pictures

Tip 반고흐 증후군 관련 자료

- 영화 : 반 고흐(1991) / 13살의 반란(2003)
- 드라마 : 오 나의 귀신님(tvN, 2015)
- 책 : 우리 속에 있는 남신들(진시노다 볼린) / 천재 예술가들의 신경
  질환(J.BOGOUSSLAVSKY 외 1)

내가 만든 세상이 진짜야 : **리플리 증후군**

– 꿈과 리플리 증후군은 종이 한 장 차이다

사람들에게 관심을 받아야만 행복한 인영 씨

인영 씨는 고졸이라 주변 사람들이 무시한다고 느꼈고 그로 인해 위축되어 있었다. 그녀는 관심을 끌기 위해 자신이 드라마 작가 공모전에 글을 냈고 이미 1차에 합격했다고 거짓말을 했다.

그녀가 공모전에 당선되었다는 말에 회사 직원들이 자신을 보는 시각이 달라졌다. 처음 몇 달 동안은 행복했지만 자신에 대한 관심이 끊어질 때 불안했다. 그녀는 다시금 자신의 작품이 드라마화가 되고 이미 계약금도 받았다는 또 다른 거짓말을 하게 되었다.

사람들의 관심이 다시 자신에게 향하자 기분이 날아갈 것 같았다. 사람들이 언제쯤 드라마가 나오는지 물어보았다. 계속되는 질문에 그녀는 들통날까봐 전전긍긍했다. 그 생각도 잠시, 더 대담해지기로 했다. 그녀의 거짓말은 계속 이어졌다. 결국 거짓말이 들통이 났지만 인영 씨는 자신의 행동을 멈출 수 없었다. 진짜 작가가 된 것처럼 행동했고 곧 작가가 될 것 같은 기분에 빠졌다. 자신에 대해 매우 혼란스러웠다.

리플리 증후군이란?

자신이 꿈꾸는 허구의 세계를 진실이라고 믿으며 거짓된 말과 행동을 상습적으로 반복하는 것을 '리플리 증후군(Ripley Syndrome)'라 부른다. 현실을 부정하고 싶은 욕구가 강할수록 많이 보여지며 환상 속에 살아간다. 다른 말로 '공상 허언증'이라고 불리며 심리학적으로 망상장애(delusional disorder)로 분류된다.

미국의 여류 소설가 패트리샤 하이스미스의 작품 〈재능 있는 리플리 씨〉라는 소설 속 주인공 이름에서 유래되었다. 호텔 종업원으로 일하던 톰 리플리가 재벌의 아들인 친구 디키 그린리프를 죽인다. 그 친구의 신분으로 살아가면서 거짓을 감추기 위해 대담한 거짓말을 반복적으로 한다는 범죄소설이다.

내가 가질 수 없는 세상. 처음에는 단순하게 시작한 거짓말에 사람들의 관심 있는 반응이 시작된다. 반복될수록 마치 진짜 그런 사람이 된 것처럼 느끼며 행동하게 되고 나중에는 진짜 그렇게 믿어버린다.

듀크 대학교 행동 경제학자인 댄 애리얼리(Dan Ariely)는 '어차피 이렇게 된 거' 효과에 대해 말한다. 처음 거짓말을 어디까지나 순수하게 시작됐을 것이다. '실제로 그렇게 될 때까지 그런 체 하라(Fake it till you make it)'는 속담 차원에서 한 번 하는 것이 어려운 것이다. 반복적으로 거짓말을 하게 되면 다른 거짓말을 할 수 있는 것들이 한층 더 농후에 질 수 있다. 단순히 시작했던 거짓말에 거짓말이 붙고 붙어 더욱더 대담해진다. 자신이 만든 거짓말 속에 갇혀 결국 그것이 진짜라고 믿는 아이러니한 상황에 이르게 된다.

프로파일 스쿼팅(profile squatting)은 인터넷 공간에서 연예인, 유명인을 사칭하며 마치 그 사람인양 행세하며 타인의 정체성을 도용하는 것을 말한다. 이들은 행위에 대한 죄책감과 양심의 가책을 느끼지 못하고 자신이 만든 세계가 진짜라고 믿는 망상에 빠진다. 스펙을 중요시 하는 사회가 이런 사람들을 만들어 내기도 한다.

치유 일기

사람은 누구나 인정의 욕구가 있다. 어릴 때 인영 씨는 인정받지 못했고 관심 밖의 아이였을 것이다. 좋아하는 글쓰기에서도 고배를 마셨다. 점점 위축된 자신을 보는 것이 두려운 그녀는 허구의 세계를 만들었다.

인영 씨에게 거짓말을 할수록 그 안에 갇힐 수밖에 없다고 말했다.

"어릴 때 정말 해보고 싶었던 것이 뭐예요?"

"글쎄요"

"왜 하필 글을 잘 써서 당선되었다는 거짓말을 했을까요? 다른 거짓말도 얼마든지 있을 텐데"

"그냥 바로 나오기는 했지만, 사실 어릴 때 꿈이 시나리오 작가였어요. 글을 쓰는 것이 좋았지만 매번 미끄러졌고..... 사람들에 관심에서도 사라지는 것 같았고..."

"아예 글 쓰는 것과 상관없는 것은 아니네요?"

"네..."

"거짓말을 진실로 만들기 위한 노력을 해보시는 것도 좋을 것 같아요."

"어떻게요?"

"다시 글을 쓰는 것에 도전해 보는거죠."

"제가 할 수 있을까요?"

"네 가능하죠. 스스로를 믿어보시고 노력하면 안되는게 어디 있어요?"

인영 씨에게 간절함에 대해 말했다.

"인영 씨가 진짜로 원하는 것이 무엇인지 생각해보세요. 그 사람들이 인영 씨를 알아주는 것인가요. 관심받는 것인가요? 왜 관심받고 싶어 하죠?"

리플리 증후군이 긍정적으로 발현되는 경우도 있다. 자신이 어떤 특정 위인이라고 생각하며 그 사람처럼 행동하고 노력하면 실제로 성취할 수 있다. 멘토를 정해서 멘토와 동일시 하고 노력하면 성취를 하는 것이다.

대학생의 꿈이 대통령이라고 하면 망상처럼 보일 수 있으나 실제 이루어지지 말라는 법도 없다. 확률이 낮다고 꿈꿀 수 있는 권리까지 뺏을 수는 없다.

김영삼 전대통령은 어린 시절 대통령이 되고 싶어서 벽에 '나는 대통령이다' 라고 써붙이고 평생을 대통령이 되는 꿈을 버리지 않고 대통령이 된 것처럼 행동했다. 그 결과 실제로 대통령이 되었다.

스스로 지어낸 거짓말을 다르게 표현하면 꿈이다. 아직 이루어지지 않았는데 미리 이루었다고 말하면 리플리 증후군이 되는 것이고 미래에 반드시 이루어질거라고 말하면 꿈이 되는 것이다.

꿈과 리플리 증후군은 종이 한 장 차이다. 현실적인 대처법으로는 너무 빠른 성취를 기대하거나 압박하면 안좋다.

연극에서는 가면 속 주인공이 되어 무대 위에서 열연을 펼친다. 공연이 끝나고 가면과 자신이 분리되지 못한다면 가면 속 거짓 인생이다. 평생 가면을 쓰고 살아가야 하는 사람들은 진짜 자신을 사랑하는 법을 알아야 한다. 악한 역할이라면 빨리 벗어야 하고 선한 역할이라면 그렇게 되도록 노력하면 된다.

멜리스, 2015 감독: 김용운
제작 : (주)라임오렌지 팩토리   배급사 : 드림팩트 엔터테인먼트

영화 '멜리스'는 리플리 증후군을 다룬 영화로 실제로 2003년 거여동
에서 일어난 여고동창생 살인사건을 모티브로 만들었다. 여고동창생이었
던 가해자 가인은 피해자인 친구 은정의 행복을 질투하고 그 삶을 자신
의 것으로 만들기 위해 은정과 아이들을 잔혹한 방법으로 살인을 한다.

단순한 질투가 아니라 그녀는 그 행복이 원래는 자신의 것이지만 친구가 뺏어갔다는 허구의 세계를 만든다. 그것이 진짜인 것으로 믿게 되며 결국 극단적으로 살인이라는 단계까지 이른다.

영화는 꽤 잔인하고 무섭다. 내 주변에서 일어난 일이라고 생각하면 더더욱 소름끼친다. 거짓말은 또 다른 거짓말을 낳고 거짓말을 진실로 만들기 위해 비이성적인 일들을 서슴없이 한다. 영화 속 가인처럼 말이다. 살인자가 된 그녀는 반성이 없다. 자신은 정당하다고 외친다.

가인은 자신이 만든 허구 속에 갇혀 실제의 자기가 없다. 더 이상 현실에서의 가인은 존재하지 않는다. 그녀는 허구 속에만 존재할 뿐이다. 그것이 망상이다. 망상에 빠지지 않으려면 정신 바짝 차리고 현실을 회피하지 말아야 한다. 너무나 순식간에 잠식시켜버리기 때문이다.

Tip 리플리 증후군 관련 자료

- 영화 : 멜리스(2016) / 거짓말(2015) / 화차(2012) / 태양은 가득히 (2012) / 리플리(1999)
- 드라마 : 미스 리플리(MBC, 2011)
- 책 : 리플리: 재능있는 리플리(패트리샤 하이스미스)

이상하게 어린 소녀에게 끌려 : 롤리타 증후군

- 괜찮아, 대리만족 컨텐츠가 있잖아

가출 쉼터에서 만난 진선이

가출청소년쉼터에서 5년 넘게 근무했을 때 '네이트 온' 채팅방을 이용해서 원조교제와 조건만남이 성행하고 있던 시절이었다. 가출한 청소년에게 돈은 가장 필요한 거였고 어른들이 성을 착취할 수 있는 무기이기도 했다. 그러니 가출한 여자 아이들에게 달콤한 유혹은 도처에 있을 수밖에 없었다.

진선이는 센터에 들어오자마자 PC 대화방을 열고는 5분 만에 나갔다. 중학교 3학년이지만 학교에 가지 않는다. 쉼터에 온지 3개월이 된 아이와 친해졌다. 보통 대화방만 열어보고 나가는 것은 의심스러운 일이라 조심히 따라갔다. 어떤 40대 중반의 남성의 차를 타려는 것을 붙잡았다.

다짜고짜 남자에게 따지듯 싸우고 신고하겠다고 하자 도망가 버렸다. 아이에게 누군지 묻자 머뭇거리다가 삼촌이라고 말하고는 솔직히 조건만남임을 이야기했다. 5만원을 받기로 했는데 당시는 큰돈이었다. 아이는 미안하다고 했다. 미안할 필요는 없었는데 마음이 아팠다.

롤리타 증후군이란?

아직 성인이 되지 않은 사춘기 이전의 어린아이들에게 정신적, 육체적 사랑을 느끼는 것을 **'롤리타 증후군(Lolita syndrome)'** 이라 한다.

롤리타(Lolita)라는 단어는 러시아 출신 미국 작가인 블라디미르 나보코프(Vlandimir Nabokov)의 소설제목 『롤리타』에서 유래된 용어다.

소아성애자, 님페트(nymphet), 로리콘(lolicon) 등 여러 이름으로 불리며 정확한 정신의학적 명

〈롤리타〉 표지 (2000.2)
블라디미르 나보코프 (펭귄북스)

칭은 소아 애호증(pedophilia, 소아 기호증)으로 분류된다. 보통 13살 이하의 어린이에게 6개월 이상 반복적으로 강한 성적 충동을 느끼거나 흥분을 경험할 때 진단 내린다.

소아 애호증은 3가지 유형으로 분류된다.

첫째는 인격적으로 미성숙한 형으로 대인관계를 맺기 어렵다. 비교적 쉬운 아이를 선택한다. 아이에게 서서히 접근하여 과자나 게임 등을 이용하여 사귄다. 그 후 자신의 목표를 달성한다.

두 번째는 정상인 적이 있었던 형으로 과거는 일반 이성과 관계 형성을 하였다. 하지만 성(性)적인 어려움으로 갈등과 스트레스를 경험한 경우다.

세 번째는 폭력적인 형으로 가장 드물다. 반사회적 행동을 하였던 과거가 있다. 여성에 대한 적개심이 많다. 대상 아이를 공격하여 심한 신체적 손상을 입히기도 한다. 차마 입에 담기도 싫은 '조두순 사건'이 폭력적인 형으로 들 수 있다.

치유 일기

소설 『롤리타』는 표면적으로는 소아성애자 이야기지만 그렇게 단순한 작품이 아니다. 저급한 포르노 소설이 아니고 고전 명작으로까지 거론되는 작품이기에 이 작품을 분석해 보면 이 증후군의 원인과 치유 방향을 알 수 있다.

소설 속 험버트가 어린 소녀를 그토록 갈망하는 이유를 알고나면 조금은 그의 행동을 이해할 수 있으려나?

험버트는 세 살 때 어머니가 세상을 떠나고 열세 살 때 에너벨이라는 소녀를 사랑했으나 그녀가 병에 걸려 죽자 깊은 좌절감과 슬픔에 빠진다. 어린 나이에 이런 충격을 받아 얼마나 힘들었을까. 이것이 트라우마가 되어 성인이 되어서도 그 사랑을 못잊어 그 나이 또래의 소녀를 사랑하게 된 것이다. 자신이 정신적으로 그 당시 나이로 돌아가 이루지 못한 사랑을 이루려 하는 욕구를 채우려 하는 것이다.

남자들은 첫사랑을 못잊어 머리 속에 그 환영이 남아있고 성인이 된 후 그것을 충족시키기 위해 비슷한 상황을 만들거나 비슷한 사람을 찾아 사랑하게 된다. 정신분석에서는 성인이 아이와의 관계를 통해 불안이 줄어들게 된다고 한다.

심정적으로는 이해가 되지만 법적으로 불법이기에 이를 대체할 방법을 찾아야 한다. 그 욕구를 없애라는 말은 어렵기도 하고 너무 가혹하니 일단 대리만족으로 해결하는 방법이 있다.

불륜 드라마나 여자가 남자를 만나 신분 상승하는 로맨스도 사실은 현실에서 이루기 어렵기 때문에 대리 만족하며 소비하는 문화컨텐츠다. 이런 판타지 컨텐츠가 담당하는 순기능은 무엇인지 말 안해도 알 것이다.

남성도 성적 판타지의 욕망이 있다는 것을 인정하고 발산하는 길을 열어주어야 현실에서 범죄가 일어나지 않는다.

영화 이야기 – 도가니

도가니, 2012 감독:황동혁
제작 : (주) 삼거리 픽쳐스, (주)판타지오   배급사 :CJ 엔터테인먼트

영화 '도가니'는 2000년 실제 있었던 청각장애인 광주 인화학교 사건을 공지영 작가의 '도가니'를 모티브로 만들었다. 주인공 강인호가 무진시의 청각장애인학교 기간제교사로 발령받으면서 이야기는 시작된다.

어딘가 이상한 학교 아이들의 행동으로 자애 학교의 실체를 알게 된다. 강인호는 그들의 악행을 세상에 알리기 위해 노력하지만 결국 죄를 밝히지 못하는 것으로 영화는 끝난다.

소아 애호증 환자인 교장은 인간으로 할 수 없는 끔찍한 악행을 저지르면서 죄책감을 느끼지 못한다. 문득 드는 생각은 영화를 다 찍고 난 후 아역배우들에게 후속 조치가 이뤄졌는지가 궁금했다. 영화지만 성적 행동을 암시하는 장면들이 나오고 연기지만 몰입해야하는 상황이 적잖은 충격이지 아니었을까 생각해봤다.

이 영화는 표면적으로는 성폭력 사건이지만 근본적으로 봐야하는 것은 장애인복지의 사각지대, 알고도 외면하는 협착, 전통적으로 이어져오는 권력형 성착취에 대해 구조적 모순을 파헤치는 관점이다. 성폭력도 그런 시각으로 봐야 하는 것이다.

Tip 롤리타 증후군 관련 자료

- 영화 : 로리타(1998) / 나쁜 교육(2004) / 도가니(2011) / 아메리칸 뷰티(2000) / 소원(2013)
- 드라마 : 내 생애 봄날(MBC, 2014) / 신의 선물 14일(SBS, 2014)
- 책 : 왜 아이들은 낯선 사람을 따라갈까(EBS) / 호텔 아이리스(오가 와 요코) / 도가니(공지영)

가상과 현실을 구분 못하는 : 리셋 증후군(게임 중독)

- 학의 다리가 길다고 자르지 마라

게임이 유일한 도피 장소였던 형철이

고등학교 3학년 형철이는 초등학교 때부터 왕따, 학교폭력 피해자였다. 항상 피해 의식에 시달렸고 가방 속에 클러치를 들고 다녔다. 자신을 괴롭히는 아이들에게 언젠가는 복수하기 위해서다. 또래에 비해 왜소했고 중학생 정도로 밖에 보이지 않아 놀림의 대상이었다.

또래 관계가 어려웠던 형철이가 빠진 것은 게임이었고 거기선 누구든 자신을 얕잡아 보는 사람이 없었다. 잔인한 게임을 하면서 자신의 스트레스를 풀곤 했다. 밤새 컴퓨터 앞에 앉아있었다.

형철이의 다른 문제는 스트레스를 강박적 자위행위를 통해 풀었다. 게임뿐만 아니라 야한 동영상이나 성과 관련된 영상에 집착하기도 했다. 언제부터인가 이상한 소리를 듣거나 하느님이 자신을 심판하는 환영이 보인다고 했다. 아이는 학교에 가는 것이 괴롭고 힘들었지만 어머니는 이해하지 못했다. 어려서부터 부부간에 사이가 좋지 않아 남편과는 별거 중이다. 형철이는 아버지가 자신을 버렸다고 생각했고 사랑받지 못했다고 느꼈다. 어머니는 그런 아이에 대해 매우 엄격했다.

리셋 증후군이란?

'리셋(Reset)'은 원래 컴퓨터가 제대로 작동하지 않을 때 처음부터 다시 돌아가 시작할 수 있는 기능이다. 현실 세계에서도 이처럼 버튼만 누르며 예전으로 돌아갈 수 있다고 착각하는 현상을 '**리셋 증후군(Reset syndrome)**'라 한다.

1997년 5월 일본 고베 시에서 11살 초등학생을 토막살인 후 머리를 잘라 교문에 걸어놓는 사건이 있었다. 훼손된 얼굴과 입안에 '게임의 시작이다.' 라는 메모 쪽지가 물려있었고 잡힌 범인은 14살의 중학생 게임광이었다. 현실과 게임을 구분하지 못해 살인이 발생되었고 그때부터 리셋증후군이라는 용어를 사용하였다. 심리적인 압박이 가중되어 게임에 너무 몰두해있으면 현실 상황과 가상세계를 착각하게 될 가능성이 높다.

온라인 안에서 관계 형성이 익숙하고 오프라인에서 갈등 해결 능력이 부족할 수밖에 없다. 실제로 게임중독 청소년을 만나보면 사회성이 부족한 경우가 많았다. 가상 속에서 친구를 만들고 그 세계가 진짜였으면 좋겠다고 바라는 경우도 컸다. 단숨에 끝내버리거나 되돌려 버리는 등의 반복은 충동성으로 발전된다.

아이들이 얼마나 외롭고 힘들면 현실을 잊고 싶어 중독에 빠질까. 사실은 부모님들이 반성해야 할 부분이기도 하다.

팝콘 브레인(popcorn brain)은 팝콘이 터지듯 크고 강렬한 자극에 우리의 뇌가 반응하는 것이다. 강한 자극에 지속적으로 노출되면 웬만한 것에는 꿈쩍하지 않는다.

위기를 극복하기는 보다는 습관적으로 다시 처음으로 돌아가겠다는 안일한 생각이 자리 잡고 있다.

치유 일기

리셋증후군을 치유하려면 우선 컴퓨터 사용을 멀리해야 한다고 전문가들은 입을 모아 말한다. 아프면 병원에 가서 의사의 진료를 받아야 한다는 말처럼 당연한 말이다. 그럼 어떻게 멀리하게 할 것인가?

사이버 세계에 빠지는 이유는 현실에서 무기력감을 느끼기 때문이다. 그렇다면 현실을 생동감있게 만들어주면 된다.

사이버에서 하는 일을 현실에서 한 번 해보는 것이다.

재미있을 것 같지 않은가? 예를 들면 사이버에서 연애 시뮬레이션 게임을 한다면 현실에서도 연애를 해 보는 것이다. 분명 비슷하지만 다른 즐거움이 있을 것이다. 사이버에서 경주게임을 한다면 현실에서 바이크를 취미로 해보는 것이다. 절차도 복잡하고 하루아침에 이루어지는 것은 아니지만 다른 묘미를 느낄 수 있을 것이다.

사이버와 현실의 차이점은 무엇인가? 사이버 세계는 마음먹은 것은 금방 된다. 하지만 현실은 내가 마음 먹은대로 되지도 않고 당장 이루어지지 않는다. 그 차이를 바로 인식해야 한다.

그리고 사이버를 강제로 끊을 것이 아니고 기왕 이렇게 된 거 사이버 상에서 성취감을 느끼도록 하면 된다. 발상의 전환이다.

어느 명상가이자 은둔 시인이 한 말을 직접 해 보는 것이다.

"그대의 상처가 그대를 치유하고 행복하게 해 줄 것이다."

사이버를 끊지 못한다면 이것을 더욱 활용하여 이롭게 하는 것이다.
요즘은 디지털 사회이기에 컴퓨터 업무 종사자가 많고 컴퓨터로 업무 처리하는 사람도 많다. 이러한 능력과 적성을 이용하여 사이버에서 더욱 많은 일을 하고 사이버에서 성취감을 느낀다면 강제로 단절시켜 나타나는 부작용을 없앨 수 있다.

게임관련 직종도 아주 많다. 게임중계를 해서 1인 미디어로 자아실현과 경제적 성공을 거둔 사람들도 많아지고 있고 게임마케터, 게임번역가, 게임리뷰어 등 점차 세분화 되고 있다.

다른 방법으로는 사이버에서만 생활하려는 원인을 제거하면 된다. 공부가 하기 싫어 사이버에서만 있다면 공부 말고 다른 것을 권유하면 되고, 사업이 망해서 좌절감으로 사이버로 도피했다면 사업을 당분간 안하면 된다.

형철이와 어머니는 서로 같이 있는 시간을 많이 늘려보기로 했다. 청소 같이하기, 같이 산책하기, 화초 가꾸기, 같이 저녁 먹기 등 이런 일상적인 것을 통해 조금씩 거리를 좁혀 보기로 했다.

현재 내가 리셋 시키고자 하는 삶 또한 부정할 수 없는 나의 삶이다. 그 모습 자체도 수용하고 받아들이는 자세도 필요하다.

리셋(Reset)이라는 말에는 요즘 컴퓨터의 영향으로 인해 버튼 하나만으로 삶의 방식을 간단히 리셋할 수 있다고 쉽게 착각하는 부정적인 이미지 있는가 하면, 그와는 반대로 이제까지의 것들에 얽매이지 않고 심기 일전하여 새로운 마음으로 처음부터 다시 시작한다는 긍정적인 이미지도 있다.

- 〈자신을 '리셋'하고 싶을 때〉(사이토 시게타) 중에서

영화 이야기 – 시간을 달리는 소녀

The Girl Who Leapt Through Time, 2006
감독 : Mamoru Hosoda   제작 : 매드 하우스
수입 : 얼리버드 픽쳐스, 에이원 엔터테인먼트, CJ엔터테인먼트
배급사 : 얼리버드 픽쳐스, THE 픽쳐스, CJ 엔터테인먼트

애니메이션 '시간을 달리는 소녀'는 주인공 마코토가 우연하게 '타임
리프'를 얻게 되면서 벌어지는 에피소드를 담고 있다. 마코토는 같은 일
상이 반복되면서 미리 상황을 예견하기도 한다.

우리는 가끔 눈을 뜨면 중요한 시간, 시점에 다시 돌아가 있었으면 좋겠다고 생각하기도 한다. 다른 결정이나 혹은 나에게 편리하게 결정 내리기 위해서다. 마코토 역시 타임리프를 통해 시간의 흐름을 거스르며 자신의 욕심을 채워간다. 시험도 잘 보고 실수도 줄어들게 되는 등 변화가 생긴다.

우리는 현재 삶이 언제나 원하는 모습으로 내 앞에 나타나기를 바라지만 어려운 일이다. 원하지 않는 내 모습이라도 수용하며 받아들여야 하는데 쉽지 않다. 영화는 타임리프 능력을 통해 시간을 되돌려 보기도, 현재를 살아보기도 하는 등 마코토의 시점에서 지금이 얼마나 중요한지에 대해 이야기 한다.

현재 이 순간, 현재의 선택, 나에게 주어진 지금, '있는 그대로'를 깨닫게 된다. '리셋 증후군'에 빠지는 사람들은 현실을 부정하려 한다. 가상세계로 도망치는 횟수가 많아질수록 제자리로 돌아오지 못한다. 힘들더라도 현실을 직면하고 수용해야 한다.

Tip 리셋 증후군 관련 자료

- 영화 : 에지 오브 투모로우(2014) / 화차(2012) / 시간을 달리는 소녀(2006) / 엘리펀트(2004) / 나비 효과(2004)
- 드라마 : 아는 와이프(tvN, 2018)
- 책 : 게임 뇌의 공포(모리 아키오)

8장. 사람들과 같지만 다른 나
공존 증후군

나는 누구이고 어디에서 와서 어디로 가는 존재인가? 우리는 끊임없이 정체성에 대해 고민한다. 정체성은 개성의 특징을 가리키는 말로 표현되며 일정한 특징을 가지고 존재하는 것을 말한다. 자아 정체성 발달은 전 생애에 걸쳐 이루어지고 정서적으로 독립하는 청소년기에 자신의 특징이 결정된다.

끊임없는 스스로 질문을 통해 정체성을 확립하면서 자신을 인정한다. 성인이 된다고 해서 저절로 자아 정체성이 확립되는 것은 아니다.

우리가 자아 정체성을 찾아야 하는 중요한 이유는 내적 동기에 영향을 미치기 때문이다. 자신이 원하는 일을 하거나 스스로 답을 찾아갈 때 내적 동기가 원동력을 일으킨다. 외부 귀인이 아니기에 그 지속성은 더 오래가고 굳건하다.

인생은 정체성을 끊임없이 확립해가는 과정이다. 자아 정체성은 성숙한 자기다. 자신이 누구이며 어디로 향해 가는지, 자신에게 들어맞는 사회는 어디인가에 대한 확고하고 응집된 인식이다. 인생에 중요한 길잡이 역할을 하는 정체성이 없다면 자유롭기도 하겠지만 반대로 혼란스럽기도 하니 방향성은 반드시 있어야 한다.

나이보다 어리게 보이고 싶어 : 샹그릴라 증후군

- 나는 예쁘다, 자기 암시로 예뻐진다

나이를 먹는 것이 두려운 소희 씨

샹그릴라 증후군에 빠진 사람은 아직까지 만나본적은 없다. 평소 센터에 자주 오는 지인이 성형중독에 빠진 친구 이야기를 했다.

40대 초반의 소희 씨는 늘 자신을 꾸미는 것에 돈을 많이 투자한다. 화장품, 옷, 가방 등 젊은이들이 주로 입는 브랜드의 옷이나 스타일을 고집한다. 매일 운동도 열심히 하고 건강한 몸을 가꾸기 위해 노력한다. 소희 씨는 늙어가는 자신의 모습이 싫어 보톡스를 주기적으로 주입하기 시작했다.

젊음에 좋다는 약도 잊지 않고 챙겨먹었다. 주변 여자들은, 너무 과할 정도로 가꾸는 그녀에게 부러움과 시기심을 느꼈다. 그녀는 특별한 직업은 없었다. 시댁은 꽤 잘 살았고 남편은 이태원에서 자영업을 했다. 그녀는 점점 자신의 얼굴에 집착하며 성형중독에 빠지기 시작했다.

지인의 말로는 모임 때마다 얼굴이 바뀌어 온다고 한다. 옆에서 보기 참 딱하다 말한다.

샹그릴라 증후군이란?

1933년에 출판된 제임스 힐턴(James Hilton)의 소설 〈잃어버린 지평선〉 속 샹그릴라는 히말라야 산중의 작은 마을이다. 평생 늙지 않고 영원한 젊음을 누릴 수 있는 가상의 지상낙원으로 표현된다. 노화를 최대한으로 늦추려고 노력하며 젊게 살고 싶어 하는 중, 장년층의 현상을 '샹그릴라 증후군(sangri-La syndrome)'라 한다.

시간적, 경제적 여유를 누리는 40~50대를 중심으로 나타난다. 행동 패턴이 자아실현 욕구가 강한 세대로 바뀌어지고 있다. 중년층의 패션에 관심이 증대해지자 신조어도 나타났다. '더 이상 아저씨가 아니다(NO More uncle)'의 줄인 말인 노무(NOMU)족, 중년 여성은 '더 이상 아줌마가 아니다(NO More Aunt)'는 노마(NOMA)족으로 불린다.

40~50대의 외모를 가꾸는 남성에 대해 골드 파파(gold papa), 꽃중년, 미중년, 중년돌 등 다양한 신조어들은 기존에 가지는 중년의 일반적인 특성을 거부하고 있다.

너무 외적인 것만을 쫓아가려는 행동 때문에 나타나는 부작용은 '성형중독'에 빠지는 것이다. 보상이라도 하듯 외모의 변화를 통해 자신에게 부여하는 행동으로 옮겨가서 집착한다.

"자식이 없던 노인 내외가 살았는데 하루는 노인이 나무를 하고 쉬고 있다가 새 한 마리를 쫓아 숲속으로 들어간다. 거기서 샘을 발견하고 물을 세 번 마시자 젊은 총각으로 바뀐다. 후에 할머니도 같이 물을 마시게 되어 새댁으로 바뀐다. 옆집 살던 욕심 많은 노인은 물을 너무 과하게 먹어 아기가 되어 그 젊은 부부가 된 노부부가 데려다 키운다."

뭐든 과하면 부작용이 발생하니 적절하게 즐기라는 말이다. 젊음을 얻으려 악마에게 영혼을 팔았던 파우스트, 600명이 넘는 처녀를 죽인 물로 피부 관리했던 피의 여왕 바토리 백작 부인, 불로초에 집착했던 진시황 등 인간이 젊음에 대한 욕망은 끊임없었다.

치유 일기

그녀의 삶이 궁금했다. 왜 그렇게 젊음에 집착했을까. 지인의 이야기를 통해 궁금증이 풀린 부분이 있다. 그녀의 남편은 10살 연하고 시댁과의 관계가 좋지 않다. 당연히 아들이 10살이나 많은 여자와 결혼을 한다고 하는데 좋아할 부모가 없다. 결혼 전 반대도 심했지만 아들이 우격다짐으로 밀어붙였다.

소희 씨의 젊었을 때 사진은 참 예뻤고 지금도 물론 예쁘다. 시부모는 말끝마다 늙은 며느리라는 호칭을 쓴다. 그 말을 너무 듣기 싫은 그녀는 필사적으로 젊은 여자가 되고 싶다. 이쯤이면 그녀가 왜 강박적으로 성형과 젊음에 집착하는지 알 것 같다. 물론 남편은 아내를 버릴 생각은 없다. 하지만 그녀의 마음속에는 내가 젊은 모습을 유지하지 않으면 버림받을 것 같은 마음이 있을 것이다.

성형중독은 불안 때문에 일어난다. 아름다운 외모로 선택받아야 하는 원시시대의 진화심리학적 무의식이 현대에도 남아 선택받지 못하면 어떡하나 하는 불안감이 가장 큰 원인이다. 자신감을 갖는 훈련이 필요하다. 현대에는 외모가 전부가 아니고 다른 요소들이 한 사람의 매력을 나타낼 수 있다는 것을 알아야 한다.

마음 속으로 주문을 외워보자.

"나는 예쁘다. 나는 개성적이고 매력있다."

그래도 외모에 대한 부정적인 생각이 든다면 『날마다 감동 날마다 행복』이라는 책에 실린 "나는 예쁘다"라는 글을 읽으며 마음 치유가 되기 바란다.

수진이는 내 친구의 딸로 7살이고 친구가 세상에서 가장 사랑스럽게 생각하는 여자 아이입니다. 수진이는 모든 일에 감사해하고 어떤 일에서든 즐거움을 발견합니다.

수진이가 하는 말 중에 '나는 예쁘다' 가 있습니다. 아이는 하루에 만나는 모든 사람에게 말을 합니다.

"나는 예쁘죠?"

"그럼 수진아, 너는 세상에서 가장 예쁜 아이란다."

"특히 이 짧은 머리와 볼의 주근깨가 귀여운 것 같아요. 성당의 벽화에 나오는 아기 천사같이..."

그 말에 사람들은 모두 흐뭇하게 웃으며 그녀의 머리를 쓰다듬어 줍니다. 하지만 한쪽 구석엔 안쓰러운 마음을 감출 수는 없죠.

수진이는 태어났을 때 열병으로 머리숱이 다른 아이들에 비해 턱없이 적고 얼굴은 곰보가 되었습니다.

그는 그런 수진이가 딱 한 번 우울해 있는 것을 본 적이 있다고 합니다. 그것은 끔찍한 그의 실수 때문이었죠. 그는 갑자기 사업이 어려워졌고 일이 풀리지 않아 어두운 마음으로 집으로 돌아왔습니다. 힘없이 문을 열었을 때 딸아이가 말했죠.

"오늘 저는 더욱 예쁘죠. 이제 머리가 더 자라 훨씬 예뻐졌어요."

하루 종일 시달려 피곤해져 있던 그는 그만 딸에게 짜증을 내고 말았습니다.

"수진아! 이제 그만 할 수 없겠니? 때로는 주변 사람들 기분도 생각해야 하는 거라고! "

말을 뱉고 그는 아차, 했지만 되돌릴 수 없었습니다. 딸아이의 밝은 두 눈에 먹구름이 드리우는 것을 그는 보았습니다.

수진이는 그 후 이틀 동안 말이 없었습니다.

그는 어떻게 하면 수진이의 기분을 풀어줄 수 있을까 고민했지만 방법이 생각나지 않아 답답했습니다. 3일째 되는 날, 다행히 일이 잘 풀려 사업에 숨통이 트였을 때, 그는 오늘이야말로 딸에게 진심으로 사과해야겠다고 마음먹고 조심스레 방문을 열었습니다. 수진이는 걱정과는 달리 뛰어나오며 친구 품에 안겨 웃으며 말했습니다.

"저는 예쁜 것 같아요. 옆 집 아줌마가 칭찬해줬어요."

그는 다행스런 마음에 나오려는 눈물을 참고 딸의 머리를 어루만지며 고개를 끄떡였습니다. 그리고 물어 보았습니다.

"수진... 아, 이틀간 힘이 없더구나, 아빠가 일이 힘들어 짜증을 내 미안하다. 근데 어떻게 다시 기분이 좋아질 수 있었니?"

오히려 아빠를 위로하며 수진이가 말했습니다.

"아무 것도 아니에요. 이틀 동안 혹시 내가 안 예쁜걸까 고민하며 거울을 들여다봤는데 오늘 다시 알게 됐거든요. 내가 세상 누구보다 예쁜 사람이라는 것을요."

그 말을 듣고 친구는 미안함과 고마움에 딸아이를 더욱 꽉 안아주었습니다.

비관론자는 매번 기회가 찾아와도 고난을 본다
낙관론자는 매번 고난이 찾아와도 기회를 본다

- 윈스턴 처칠 (영국의 정치인)

Lost Horizon, 1937 감독:Frank Capra
제작 : Columbia Pictures Corporation 수입 :

　　오래된 흑백영화 '잃어버린 지평선'이 있다. 제임스 힐턴의 소설의 원
작을 바탕으로 한다. 영화 속 등장하는 로버트는 군인이자 외교관이다.
동생과 망명을 하려 비행기를 타고 영국으로 돌아가던 중 조종사의 교체
로 다른 곳으로 향하게 된다.

　　히말라야 산꼭대기에 불시착하게 되는데 조종사는 죽게 되고 어디서

나타난 한 무리의 사람들에게 구조된 그들은 세상에 존재하지 않는 신비한 곳 '샹그릴라'로 가게 된다. 범죄도 없고 탐욕, 욕심도 없으며 오랜 시간 늙지 않는 지상낙원이다.

샹그릴라는 춥지도 않고 햇빛이 가득하다. 처음부터 로버트가 쓴 저서를 읽고 지도자는 후계자로 삼고 싶고 산드라도 흠모하여 계획적으로 납치하게 된다.

로버트는 산드라를 좋아하게 되고 샹그릴라에 남고 싶다. 하지만 동생과 샹그릴라에서 만난 연인의 설득으로 현실의 세상으로 나온다. 동생의 연인은 샹그릴라를 나오자 60세 늙은 여자로 변하고 죽게 된다. 충격을 받은 동생은 자살한다. 혼자 남은 로버트는 다시 샹그릴라로 돌아가는 것으로 영화는 끝난다.

존재하지 않는 세계의 환상이 인간의 대리만족을 자극한다. 유토피아는 우리 마음속에 존재할 뿐이다.

Tip 샹그릴라 증후군 관련 자료

- 영화 : 어바웃 리키(2015) / 위아영(2015) / 잃어버린 지평선(1937)
- 드라마 : 신사의 품격(SBS, 2012)
- 책 : 마음의 시계(엘렌 랭어) / 잃어버린 지평선(제임스 힐턴) / 슈퍼영(데이비드 윅스)

기이한 미스터리 천재들 : 서번트 증후군

- 천재는 치료하는 것이 아니고 발전시켜야 한다

아들의 현재 상황을 믿기 싫었던 형민이 어머니

서번트 증후군을 가진 사람을 만난 적은 없다. 장애인 복지관에 친구가 있어 잠시 도와주었을 때 만난 형민이 어머니가 떠오른다.

5살 자폐 아들을 두고 있는 형민이 어머니를 장애인 복지관에 만났다. 형민이는 눈 맞춤이 잘 안되고 이름을 불러도 쳐다보지 않았다. 아이는 자기만의 세계에 빠져있었고 자동차에 집착하는 모습이었다. 그날 어머니는 처음 오셨다. 아이가 자폐 진단을 받고 앞으로 어떻게 해야 할지 걱정이었다.

아이가 특별한 재능이 있지는 않을까 혹시나 하는 마음으로 여러 기관을 다니며 검사를 반복했다. 그러는 동안 아이에게 적절한 치료는 이루어지지 못했다. 장애 부모를 가진 어머니들은 아이에게 죄책감을 가진다. 형민이 어머니도 마찬가지로 아이에게 미안했다. 맞벌이로 바쁘다보니 주로 양육을 아이 할머니에게 맡겼다. 주변 사람들과 어린이집에서 이야기를 듣고 검사를 진행하게 되었다.

서번트 증후군이란?

뇌기능장애를 가지고 있으나 천재성과 특정 분야에 경이적인 능력을 발휘하는 사람들을 '서번트 증후군(Savant syndrome)'이라 한다. 자폐로 분류된다. 독일에서 처음 서번트 사례가 나왔고 영국 의사 랭던 다운(John Langdon Down)의 천재 백치(idiot-savant)라는 명칭이 발전되어 심리학 용어로 지금의 명칭이 되었다.

자폐 성향은 약간 눈치가 부족하거나 고집이 세고 사회성이 떨어지는 사람으로 분류되곤 한다. 과거 TV드라마 '굿 닥터'의 주인공이 서번트 증후군이었다. 드라마는 사회성 부분이 많이 미화되긴 했지만 그래도 소재가 참신했던 것으로 기억한다. 보통 4분의 3 정도가 아이큐 70미만이다. 50%는 자폐증을, 나머지는 기타 지적장애, 발달장애, 중추 신경계 손상 등을 수반하고 있다.

특정 원인은 아직까지 밝혀진 바가 없다. 계산, 시공감각, 감각통합 등에 중요한 역할을 하는 대뇌 두정엽 부분이 과도하게 활성 됐기 때문이라는 주장은 있다.

인간의 뇌는 우뇌가 먼저, 좌뇌가 나중에 생긴다. 어머니의 자궁 속 태아는 여러 번의 진화과정을 통해 만들어진다. 아직 완성되기 전 남성 호르몬인 테스토스테론(Testosterone)에 노출되면 좌뇌가 손상을 입는다.

사회성을 담당하는 좌뇌가 손상되면 자폐아가 되지만 그것에서 벗어난 우뇌를 가지게 된다면 천재성을 가지게 된다. '좌뇌 손상 우뇌 보상이론'이다. 특정한 좁은 영역에서 비범한 능력을 보여준다. 음악, 미술, 달력 계산, 수학(소수계산), 공간지각력(길 찾기) 등에서 우수함을 보인다. 전 세계에 100명 밖에 없는 천재들 중에 매우 드물기는 하지만 후천적으로 천재성이 나타나는 사람들도 있다. 태어날 때는 정상적인 생활을 하다가 유년기에 중추신경계의 질병으로 뇌손상이 된 후에 천재성이 보여진다.

제이슨 패지트라는 성인 남성은 강도와 몸싸움을 벌이다 머리를 세게 얻어맞는다. 죽을 위기에서 기적적으로 살아난 후 수학 천재가 된다. 후천적 서번트의 공통점도 모두 좌뇌의 손상이라는 것이다. 인간의 뇌는 손상된 부위가 그 역할을 하지 못하면 다른 부위에서 약점을 보완하기 위해 우수한 기능을 발휘한다.

치유 일기

서번트 증후군은 일반적인 자폐증 치료와 같은 방법으로 치료한다고 한다. 놀이치료, 언어훈련, 사회기술 훈련, 약물치료 등 통합적인 치료를 한다.

그러나 천재성이 있다면 치료개념보다는 천재성을 살리는 방향으로 하여 잘하는 것을 더욱 발전시키는 것이 좋다. 못하는 것을 잘하게 해도 평범하게 되니 잘하는 것을 더 잘하게 하는 것이 좋다.

비슷한 예를 들면 문예창작에 소질이 있는데 수학을 못한다고 수포(수학포기)는 안된다면서 수학을 더 집중한다면 잘하는 문예창작도 그냥 평범해지는 것이다. 잘하는 것을 더 잘하게 하는 것이 올바른 치유법이다.

영화 '레인맨'의 모델인 '킴 픽'은 세계에서 가장 유명한 사례로 꼽힌다. 일반인이 3분에 읽을 양의 문서를 40초 만에 읽고 내용의 98%를 기억한다. 단순히 기억만 하는 것이 아니라 책 속의 숫자를 이용하여 계산도 가능하다. 자폐아 10명중 1명 정도 서번트라고 말하지만 단지 특정한 것을 기억하는 정도다.

서번트 증후군은 인간의 뇌가 무한한 잠재력이 있다는 것을 증명한다. 신은 다양한 인간을 창조하려다가 서번트까지 창조한 것이다. 인간은 쌍둥이조차 다르다는 개념으로 본다면 서번트는 남과 구별되는 특징 중 하나일 뿐이다.

영화 이야기 - 다슬이

다슬이, 2011   감독:박철순
제작 : 동아방송 대학, 디마키네마, 더리얼 오지 픽쳐스
배급사 : (주)어뮤즈 엔터테인먼트

영화 '다슬이'는 천재 화가 '핑 리안'의 실제 내용을 모티브로 만들었다. 9살 다슬이는 눈이 잘 내리지 않는 공판장에서 오징어를 파는 할머

니와 동네 나이트클럽에서 웨이터로 일하는 삼촌과 함께 산다. 아침마다 크레파스를 가지고 밖에 나와 동네를 45도 각도로 삐딱하게 망원경을 통해 탐구하는 아이. 다슬이의 하루는 벽에 믿기지 않을 정도로 정교하게 동네 모습을 그리는 것이 일상이다.

아이의 행동을 동네 사람들은 낙서로 몰아 구박만 하고 어느 누구도 다슬이에게 관심이 없다. 아이의 유일한 친구는 강아지고 품속에 늘 품고 다닌다. 동네 사람들이 뭐라고 구박해도 할머니와 삼촌은 다슬이 편이다. 늘 정교한 그림을 그리는 다슬이를 보며 삼촌은 예사롭지 않다고 생각하고 아이의 재능을 알아본다. 가혹하게도 다슬이는 사랑하는 할머니와 삼촌의 죽음으로 혼자 남겨진다. 아이에게는 더 이상 돌보아줄 사람이 없다. 비극적인 결말이지만 생각이 많아지는 영화다. 자폐를 보는 시선과 돌봄이 이루어지지 못한 채 버림받은 아이들을 위해 우리가 해야할 일은 무엇일까.

영화 속 다슬이는 서번트 증후군이다. 다슬이의 시선에 비친 세상은 우리가 보는 시각과 다르다. 자폐아들 시선도 우리와 다르다. 인정하고 공감하는 노력이 필요하다.

Tip 서번트 증후군 관련 자료

- 영화 : 레인맨(1988) / 간기남(2012) / 라이프 오브 파이(2012) /하늘과 바다(2009) / 말아톤(2005) / 포레스트 검프(1994)
- 드라마 : 굿 닥터(KBS, 2013) / 찬란한 유산(SBS, 2009)
- 책 : 서번트 신드롬(대럴드 트레퍼트).

좋은 추억만을 조작하고 왜곡하는 : **무드셀라 증후군**

– 과거에서 따뜻해지고 현재에서 냉철해지자

과거에 머무르려는 보령 씨

40대 후반의 주부 보령 씨는 결혼 전으로 돌아가고 싶어 했다. 결혼생활에 만족감을 느끼지 못했고 현실에 대해 불만이 컸다.

스마트폰 메인 사진에는 자신의 30대 시절의 모습이 올려 있다. 현재 삶이 만족스럽지 않다.

결혼 전에는 여행도 많이 다니고 남자들에게 인기도 많았다. 남편과 결혼 후 한동안은 좋았다. 남편이 주식투자로 빚을 지게 된 후 경제적으로 어렵기 시작했다.

삶이 힘들어지기 시작하자 현실을 부정하고 싶었다. 자신의 삶이 왜 이렇게 되었는지 매일이 힘들었다. 그때마다 30대 자신의 사진을 보면서 돌아가고 싶다는 생각을 하며 추억에 빠진다.

과거 그녀는 좋은 일만 있었던 것은 아니다. 넉넉하지 않은 친정집에서의 생활은 하루 빨리 결혼을 하고 싶다는 생각으로 가득 차 있었다. 부모의 반대가 심했지만 그녀는 결혼을 강행해 지금의 남편을 만났다.

무드셀라 증후군이란?

과거로 돌아간 추억은 아름답고 나쁜 기억은 빨리 잊어버리고 좋은 기억만을 추억으로 남겨 놓으려는 심리현상을 '**무드셀라 증후군**(Methuselah syndrome)'라 한다.

구약성서에 등장하는 무드셀라는 에녹의 아들로 969세까지 산 장수의 대명사로 불렸다. 나이가 들어감에 따라 과거로 돌아가고 싶어 하는 마음이 컸고 그를 빗대어 유래된 말이다.

현재의 삶에 만족감을 느끼지 못하고 우울한 사람일수록 더 도드라지게 보여진다. 좋은 기억만을 생각하며 그때로 감정으로 돌아가 머물러 있고 싶어 하는 퇴행심리기제가 작동한다. 사람은 누구나 자신이 좋았던 기억 위주로 저장하고 싶어 한다. 하지만 왜곡되어 저장되기도 하며 마치 안 좋은 일은 없었고 아름답고 좋았던 일들만 있었던 것으로 미화시켜 기억한다.

과거를 아름답게 회상하는 것은 좋지만 지나치면 그 감정에 장시간 머물러 현실도피로 이어진다.

젊었을 때 무엇인가를 시작하기 전 풋풋했던 그 시절에 자신을 상상해 보고 좋았던 기억들을 끄집어 올린다. 분명 나쁜 기억들도 있겠지만 모든 것이 미화된다. 기분이 좋아지고 잠시나마 옛 추억에 행복해질 수도 있다.

욕구불만 상태가 지속되면 긴장을 해소하기 위해 자신의 감정이나 원망 등을 의식 세계에서 없애버린다. 현실을 받아들이지 못해 방어벽을 쌓은 뒤 왜곡되고 미화된 과거 속에서 허우적거린다. 과거의 기억에 고착되어버리면 삶에 대한 만족감이 사라진다.

치유 일기

보령 씨는 동그란 원에 30대 여성의 커리어우먼을 그렸다. 현실에 만족감을 느끼지 못할수록 과거를 회상하게 된다. 지금 그녀가 가장 힘든 것은 주식투자 한 남편도 보기 싫고 우울한 자신도 싫다.

30대의 그녀는 일에서 최선을 다하는 사람이었다. 집에만 있지 말고 지금이라도 다시 취업 하거나 일을 하는 방향이 건설적이었다. 우리는 조금씩 계획을 세워 세상으로 나오도록 같이 노력하기로 했다.

영화 써니 포스터 (2011) 강형철 감독,
제작 토일렛 픽처스, 배급 CJ E&M

복고풍이 유행하고 복고드라마가 유행하는 것은 분명 효용 가치가 있기 때문이다. '추억팔이'라고 나쁘게 말하는 사람들의 의도는 무엇인가? 아마도 너무 많거나 흔해졌기 때문이다. 아하, 여기서 유지해야 할 방향이 잡힌다. 그것은 바로 너무 많이 과거에만 머물지 말고 다시 현재로 와서 미래로 나아가야 한다는 것이다.

지금 행복하지 않다면 가장 쉽게 찾아낼 수 있는 곳이 추억 속 행복인 셈이다. 지금과는 달랐을 그때의 자신을 만나고 머무르고 싶은 것이다. 다시금 현실로 돌아와야 하는데 미화된 추억 속에 빠져 현실을 망각하고 회피해버리니 문제가 된다. 과거에 좋은 기억에만 머무르려는 행위인 억압(Repression)

을 통해 가장 직접적인 방법으로 회피한다. 억압은 기억을 때론 왜곡시키며 무의식적으로 억눌러 버린다.

여기서 어떤 싯구같은 책 제목으로 패러디를 해본다.

'새 뿐만 아니라 표범도 달리면서 뒤돌아보지 않는다.'

『지금 여기서 행복할 것』의 저자 기시미 이치로는 말한다.

'지금 여기서 행복하기' 위해서는 지금의 나를 긍정하고, 지금 마주하는 사람(타자)을 적이 아닌 친구로 대하고, 지금 벌어지고 있는 상황을 나 스스로 풀어야 할 과제로 받아들여야 한다.

영화 이야기 - 김종욱 찾기

영화 '김종욱 찾기'는 10년 전 인도에서 만난 김종욱이라는 첫사랑을 기억하는 주인공 지우의 이야기로 시작한다. 그녀가 첫사랑을 잊지 못하자 아버지가 첫사랑 찾기 사무소에 딸의 첫사랑을 찾아 달라 의뢰한다. 이루어지지 않은 첫사랑의 추억은 강렬하며 그래서 더 애틋한 것 같다.

지우는 선 본 남자의 프러포즈도 거절한 채 첫사랑 찾기에만 열을 올린다. 현실에서 만족감을 얻지 못하는 지우는 첫사랑을 찾는 행위를 통해 현실을 회피한다.

인도여행에서 처음 만난 남자 김종욱, 지우에게 먼저 말을 걸어주기도 하고 다정하다. 둘은 함께 여행하면서 추억을 쌓는다. 여행은 끝나고 각자의 삶으로 돌아간다. 지우는 첫사랑을 찾았을까.

로맨틱 영화 같은 삶이나 만남은 한 번쯤은 꿈꾸고 싶은 것일지도 모른다. 하지만 가능성이 희박한 삶을 꿈꾼다는 것은 헛된 꿈이다. 과거를 잠시 추억하는 것은 괜찮지만 추억 속에 자신을 지속적으로 머무르게 하는 것은 현실회피다.

김종욱 찾기, 2010 감독: 장유정
제작 : (주)수필름   배급사 : CJ 엔터테인먼트

Tip 무드셀라 증후군 관련 자료

- 영화 : 건축학개론(2012) / 미드나잇 인 파리(2012) / 빅 피쉬(200
4) / 메멘토(2014) / 이터널 선샤인(2015) / 호우시절(2009)
/ 김종욱 찾기(2010)
- 드라마 : 응답하라 1997(tvN, 2012) / 오 마이 비너스(KBS, 2015)
- 책 : 지금 여기서 행복할 것(기시미 이치로)

몸짓 언어에 둔감해 : 아스퍼거 증후군

– 긍정적으로 보면 몰입을 잘한다는 것

사회적 상호작용이 어려운 용진이

중학교 2학년 용진이는 아스퍼거 증후군으로 사회성이 결여되어 있다. 용진이 어머니는 초등학교 교사지만 폐쇄적이고 만성우울감과 무기력증으로 남편과 관계가 매우 소원했다. 용진이는 어머니가 동생과 편애한다고 분노감을 자주 표현했다.

용진이의 학교 성적은 중간 정도다. 지적 수준이나 언어발달은 정상적이다. 사회성이 결여되어 소통이 어렵다. 아이는 좋아하는 여학생을 만나러 학교로 갔다. 주변 여자 친구들이 있는 데서 좋아한다는 고백을 했다. 초등학교 때 자신에게 잘해줬던 여학생이다. 중학교 진학하면서 다른 학교를 갔고 SNS로 몇 마디 주고받았던 것이 전부다.

여학생은 용진이에 대해 전혀 다른 감정이 없었다. 그 일로 창피해서 용진이를 피했고 찾아오면 화를 냈었다. 아이는 만나주지 않는 여학생을 전혀 이해하지 못했다. 공감이 결여되나 보니 타인의 감정이나 마음을 읽지 못하고 문자적인 반응만 한다. 아이 컨텍도 잘 안되고 어색한 행동이 반복되었다.

아스퍼거 증후군이란?

오스트리아 소아과 의사 한스 아스페르거(Hans Asperger)가 발견하여 '아스퍼거 증후군(Aspergers syndrome)'이라 붙여졌다. 자폐의 한 유형으로 사회적 상호교류가 잘되지 않아 상호 행동과 다양한 비언어적인 행동을 이해하는데 어려움을 겪는다.

언어발달 지연과 사회 적응 발달이 지연되는 것이 특징이다. 대부분 세 살 이전에 발견되지 않고 말하기는 또래와 비슷하다.

좋아하는 주제에 반복적인 대화를 하거나 특정한 것에 강박적으로 과도한 집중을 보인다. 비언어적인 소통에 영향을 받기에 화나는 감정을 제외하고는 다른 표정을 짓는 것이 어렵다. 목소리는 단조롭고 몸짓은 제한되거나 서툴러 부적절해 보이거나 긴장 상태로 있는 경우도 있다.

타인의 입장을 조망하고 공감하는 능력인 '마음 이론'(theory of mind)이 결여되어 있다. 보이는 대로 따라하는 '거울 세포'(Mirror neuron)에 이상이 생겨 공감과 소통 능력이 떨어진다는 것이다. 상대방의 말에 있는 감정이나 표정을 보고 해석하는 것이 아니라 문자 그대로를 믿는다.

치유 일기

용진이는 긴장한 모습이었다. 용진이가 좋아하는 메이플 스토리 게임 이야기를 꺼내자 긴장이 좀 풀어졌다. 캐릭터의 표정을 구별하는 훈련, 상황 카드, 반복적인 행동 멈추기, 역할연습 등 사회적 인지교육, 대화기술을 포함하는 사회적 기술과 적응력 훈련에 중심을 두어 진행하기로 했다.

아스퍼거 증후군은 자신만의 특이한 관심사에 관련된 대화를 느낄 때 긍정적인 경험을 한다. 자신이 흥미를 가지는 일에 철저하게 몰두하는 경향이 있어 주위 사람들의 기대를 저버린다. 게임에 관심이 있다면 게임 이야기만 하루종일 하는 것이다.

이 말을 긍정적으로 바꾸면 몰입을 잘하는 특징이 있다는 것이다. 한 가지에 몰입하는 것이 어려운 사람도 있는데 몰입을 잘 하는 특징을 더 활용하여 살아가면 되는 것이다. 치유가 어렵지 않다. 생각만 바꾸면 된다. **타인의 감정에 둔감하지만 오히려 본인들은 일반인에 비해 감수성이 예민하다. 문제 행동에 대해 제지보다는 스스로 행동에 대해 변화하려고 노력한다면 작은 것이라도 아낌없는 칭찬해줘야 한다.**

영화 이야기 - 내 이름은 칸

'내 이름은 칸'에는 어릴 때부터 기계를 고치는 데 특별한 재능이 있는 칸이 등장한다. 어머니는 칸의 재능을 알아보고 교육을 시키는 등 헌신적이었다. 형만 편애하는 동생은 질투를 느껴 미국으로 유학을 가서 정착한다. 어머니의 죽음 후 미국으로 건너가 동생을 만나게 된다.

칸은 심리학자인 동생의 아내를 통해 자신이 아스퍼거 증후군이라는 것을 알게 된다. 동생 부부와 같이 살면서 취직을 하게 된 칸은 만디라를 만나 사랑에 빠지게 된다. 만디라에게는 아들이 있었지만 그의 순수함에 반해 칸의 청혼을 받아들이고 결혼한다.

평화롭게 살던 어느 날 911테러로 인해 무슬림에 대한 박해가 심해지면서 차별을 당하게 된다. 만디라의 아들이 따돌림을 받다가 죽게 되는데 그것이 칸 때문이라고 생각한다. 그녀는 홧김에 칸에게 대통령을 만나 테러리스트가 아님을 밝히고 오라는 말을 하고는 떠나버린다. 칸은 우여곡절 끝에 만난 대통령에게 만디라의 말을 실행에 옮기며 끝난다.

칸은 문자 그대로 받아들여 말 속에 숨은 의도를 파악하지 못한지만 그로 인해 소중한 사람을 다시 찾는 계기가 되었다.

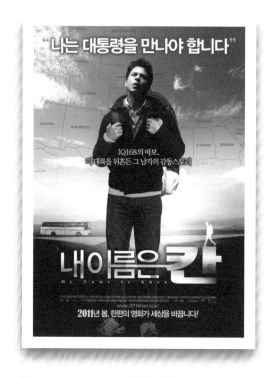

My name is Khan, 2010 감독: Karan Johar
수입 : 프리비젼 엔터테인먼트   배급사 :필라멘트 픽쳐스

Tip 아스퍼거 증후군 관련 자료
- 영화 : 내 이름은 칸(2011) / 모차르트와 고래(2005) / 엄청나게 시끄럽고 믿을 수 없게 가까운(2011)
- 드라마 : 잘 키운 딸 하나(SBS, 2013)
- 책 : 똑바로 봐(존 엘더 로빈슨) / 안녕, 케이틀린(캐서린 어스킨)

에필로그

    증후군이 많이 붙여지는 사회. 건강한 사회와는 거리가 멀어진다는 것이기도 하다. 급격한 사회의 변화는 사람들을 막연한 불안감에 떨게 한다. 지금 현대사회는 공동체보다 개인의 자유권과 이해관계를 강조하는 개인주의가 만연하는 시대로 가고 있다.

    불확실한 사회, 신뢰할 수 없는 사회로 갈수록 등장하는 증후군은 불안한 분위기를 대변하는 듯하다. 1900년대 초반 의학 사전에는 증후군이 30개 정도 등록되었는데 지금은 수천 개가 넘는다고 한다. 미국 국립의학도서관 의학 주제 표목에 등록된 증후군만 해도 현재 2700여개라고 하니 의학 외에 분야까지 포함하면 더 많을 것이다.

    사회가 원하거나 혹은 개인이 만족해야 하는 모습에 적응하기 위해 사람들은 스트레스를 경험할 수밖에 없다. 정서로 인한 정신적 문제는 앞으로도 사회적 이슈로 문제 되고 대두될 것이다. 지금보다 더 많은 증후군이 등장하며 존재할 것이다. 증후군 홍수 시대에 정신건강 이슈의 흐름을 파악하고 대비하는 자세가 필요하다. 다양한 증후군이 어떤 방식으로 개인에게 영향을 주고 치유 방법을 살펴본다면 유연한 마음으로 자신의 길을 만들어 갈 수 있을거라 생각한다.

증후군이라도 문제없어

지 은 이 김선희
발 행 인 김흥열
발 행 처 율도국
디 자 인 김예나
초판발행 2020년 9월 20일
주　　소 서울특별시 도봉구 시루봉로 286 (도봉동 3층)
출판등록 2008년 7월 31일
홈페이지 www.cafe.naver.com/uldo
이 메 일 uldokim@hanmail.net
I S B N 9791187911562 (03180)
C I P　 CIP2020035780

이 도서는 한국출판문화산업진흥원의 '2020년출판콘텐츠창작지원사업'의 일환으로
국민체육진흥기금을 지원받아 제작되었습니다.